KB187375

소중한 사람을
소중하게 대하는 법

소중한 사람을
소중하게 대하는 법

Human BE-ing: How To Have A Better Relationship

윌리엄 V · 피치 지음 ㅣ 김경영 옮김

나를 사랑하고 내 옆의 사람을 사랑할 수 있는 관계 수업

nomad
지식노마드

차례

들어가는 글

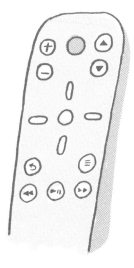

우리는 텔레비전이라는 복잡한 기계장치를 리모컨 하나로 자유롭게 다룬다. 이따금 고장 문제로 서비스 센터를 찾기도 하지만 많은 경우 사용설명서에 적힌 대로 하면 쉽게 해결된다.

인간관계도 어떤 면에서 텔레비전과 비슷하다. 우리는 인간이라는 존재를 온전히 이해하지 못하지만 자연스럽게 다른 사람과 관계를 맺고 친밀감을 나눈다. 때로는 전문가의 개입이 필요한 심각한 문제가 생기기도 한다. 사용설명서가 없다는 점이 다르다면 다른 점이다. 만약 텔레비전과 마찬가지로 인간관계에도 사용설명서가 있다면 웬만한 문제는 우리 스스로 풀 수 있지 않을까?

이 책은 일종의 인간관계 사용설명서다. 핵심은 간단하다. 인간이라는 존재의 본성을 이해하라는 것이다. 나와 상대의 보편적 특성을 이해하는 것만으로도 관계는 좋아진다. 이 사실을 기억하고 여기서 안내하는 단계를 차례로 밟아나가길 당부한다.

자, 이제 출발해보자.

세상일에는 단계가 있기 마련이다. 기본 원리라고 해도 좋다. 마구잡이로 들이밀어서는 힘만 든다. 퍼즐 맞추기를 생각해보자. 수백 개의 퍼즐 조각이 한데 뒤섞여 있는 상황에서 어디서부터 손을 대야 할까? 퍼즐 애호가들은 퍼즐 맞추기를 시작하는 **기본적인 단계**로 다음 **두 가지**를 꼽는다.

첫 번째 단계 : 색상 계열에 따라 퍼즐 조각을 분류한다.

두 번째 단계 : 분류된 퍼즐 조각 중에서 그림의 테두리 부분의 조각을 찾아 우선 전체 틀을 만든다.

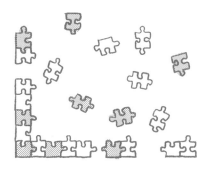

퍼즐 맞추기의 시작을 반드시 이렇게 할 필요는 없다. 목표에 도달하는 길은 여러 개다. 다만 이 두 단계는 퍼즐을 시작하는 효과적인 접근법 중 하나라고 할 수 있다.

인간관계도 일종의 퍼즐 맞추기다. 나와 상대방이라는 조각을 맞춰 하나의 아름다운 관계를 완성하는 것이다. 인간관계상의 문제를 해결하는 데도 역시 **기본이 되는 두 단계**가 있다. 이 두 단계는 우리가 다른 사람을 만날 때 관심을 쏟는 두 가지 감정 영역을 다룬다.

두 가지 감정 영역 중 하나는,
나와 상대와의 관계에서 **상대**가 느끼는 감정에 관한 것이다.

다른 하나는,
나와 상대와의 관계에서 **내**가 느끼는 감정에 관한 것이다.

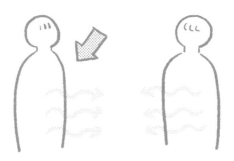

앞으로 얘기할 두 단계가 인간관계 문제를 해결하는 데 핵심적인 이유가 바로 여기에 있다. 사람 사이에 흐르는 두 가지 감정을 모두 다루기 때문이다. 따라서 두 단계를 확실히 이해한 뒤 관계에 **반복 적용**하면 많은 문제가 단순해지고 해법이 보이기 시작한다.

두 단계를 정의하면 각각 다음과 같다.

첫 번째 단계: 반사하기 Reflecting
두 번째 단계: 보호하기 Protecting

반사하기는 **상대방**의 감정과 관련해
내가 행하는 어떤 것이다.

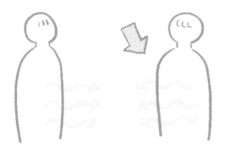

보호하기는 **나**의 감정과 관련해
내가 행하는 어떤 것이다.

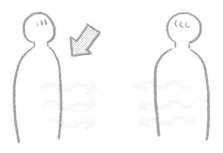

먼저 '반사'라는 단어의 의미를 살펴보자.

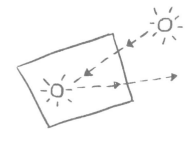

우리는 흔히 거울이 빛을 반사한다고 말한다. 이때 반사는 '저 멀리서'와 닿는 빛을 거울이 반대쪽으로 돌려보내는 것을 의미한다.

인간관계에서 말하는 반사 또한 거울의 반사와 비슷하다.

인간관계에서 반사한다는 행위는 '상대의 말을 귀기울여 들은 다음 들은 내용이 맞는지 상대에게 확인하고 공유하는 것'을 말한다.

그러니까 당신 말은…

우리가 자주 쓰는 위 문구는 반사하기의 의미를 잘 보여준다. 즉 상대방에게 '나는 당신이 하는 말을 집중해서 듣고 있음'을 알려주는 행위가 바로 **반사하기**다.

반사하기의 행위가 세심하게 이뤄지면 보통 아주 단기간에 관계가 달라진다. 하지만 반사의 기술은 경험을 통해 습득되며 훈련을 통해 숙련된다. 이에 대한 자세한 얘기는 뒤에서 차근차근 이어진다.

이제 두 번째 단계인 **보호하기**를 살펴보자.

사람들은 관계를 개선하고 싶을 때 보통 상대방이 필요로 하는 것에 집중하곤 한다. '내'가 무엇을 원하고 느끼는지에 대해서는 별 관심이 없다.

하지만 누군가와의 관계에서

오로지 상대방에게만 집중한다면

나의 내면에서 벌어지는 일에는 계속 침묵할 수밖에 없다.

이렇게 되면 점점 원망("이건 공평하지 않아!")이 쌓이기 마련이고 결국 자신은 물론 상대방도 힘들어진다.

보호하기는 나 자신의 감정을 돌보는 행위이자 스스로를 존중하는 행위이다. 이는 **존재**하고자 하는 용기이기도 하다.

반사하기와 **보호하기**라는 두 가지 기본 단계에 관한 구체적인 활용법은 4장과 5장에서 확인할 수 있다. 지금 당장 관계의 문제를 해결하고 싶은 마음에 바로 4장, 5장으로 건너뛰고 싶더라도 1장~3장에 걸쳐 전개되는 배경 지식을 먼저 읽은 다음 차례로 읽기를 당부한다. 관계를 맺는 두 사람의 내면에서 무슨 일이 벌어지고 있는지, 두 사람 간 힘겨루기가 어떤 식으로 일어나는지를 이해하지 않고서는 반사하기와 보호하기 개념을 제대로 적용할 수 없다. 1장에서 3장까지 이어지는 배경 지식을 충분히 이해하길 바란다.

필자는 상담가, 심리치료사로 일하면서 말 그대로 수많은 시간을 사적인 관계와 공적인 관계에서 발생하는 다양한 문제를 연구해왔다. 이 책은 오랫동안 쌓아온 나의 경험과 생각, 연구 결과를 융합한 결과물이다. 이론적 서술만이 아니라 구체적인 해결책을 담고 있으므로 인간관계 일반에 도움이 되지만 특히 소중한 사람과의 관계를 다시 잇고 돈독히 하고 싶을 때 더욱 유용하다.

1부

두 사람
사이에
일어나는 일

지금부터

두 사람의 관계를 생각해보자.

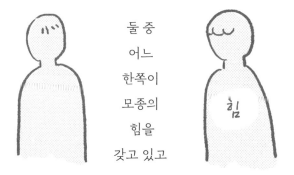

둘 중
어느
한쪽이
모종의
힘을
갖고 있고

다른 한쪽은 그렇지 않을 때
어떤 문제가 생기는지 생각해보자.

사실, 관계상 많은 문제가 '힘'이 얽힌 상황에서 생긴다.
힘이 얽힌 상황에서는 서로의 감정이

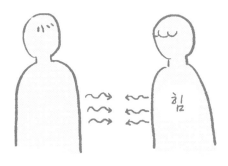

충분히 이해받지 못하며, 이는 대개 갈등으로 표출된다.

일반적으로
힘이 불균형한 관계에서는
누가 무슨 말을 하기도
전에

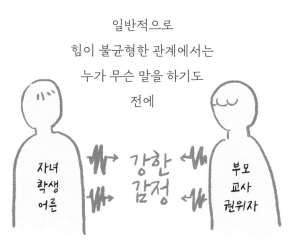

어떤 강한 감정이 먼저 자리한다.

타인을 만날 때 생기는

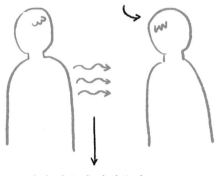

가장 단순한 감정부터
생각해보자.

이 감정은
상대방이 어떤 사람인가에
달려 있지만

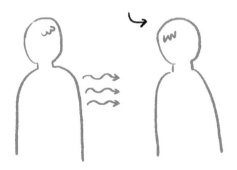

이게 전부는 아니다.

상대방이
어떤 사람이라고

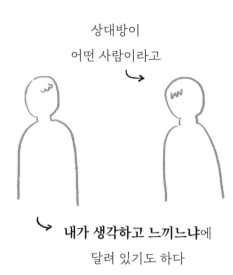

내가 생각하고 느끼느냐에
달려 있기도 하다

이렇게 누군가를 만날 때 생기는 **감정**은
두 가지에 영향을 받는다.

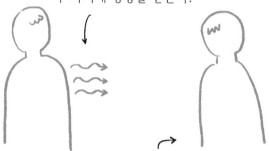

첫째, **상대방이 실제로 어떤 사람인가.**
둘째, **내가** 상대방을 어떤 사람이라고
생각하고 느끼는가.

우리가 인간관계에서 겪는 문제는

상대방이 '실제로' 어떤 사람인가에서
비롯됐다기보다는

우리가 **보고 싶은 것만 보는 데서 비롯된 것이다.**
우리가 **그렇게 보는 습관이 들어서이다.**

가령,

위 표현에서 어딘가 이상한 점을 찾았는가?

다시 한 번 영문을 보라. 집중해서 다시 보라.
'A'가 두 번 적힌 게 보이는가?
열의 아홉은 한 번에 오류를 잡아내지 못한다.
왜일까? 보고 싶은 것만 보는 습관 때문이다.
우리는 과거 경험을 바탕으로 이 문장에 '의미'를 부여하고
그 의미에 들어맞지 않는 것은 무시해버린다.

보고 싶은 것만 보는 습관은 인간관계에도 작용한다.

두 사람 각자가
자신만의 의미를
인간관계에 부여하고,
그 의미에 맞지 않는 것은
무시해버린다.
이를 깨닫기 전까지
우리는 인간관계를
온전히 이해할 수 없다.

1장

전이와
힘겨루기

우리는 만나는 사람들에게서 **익숙한 유형**을 찾으려 하고, 그런 익숙한 유형에서 기대하지 않은 특징이 보이면 무시해버리려는 경향이 있다.

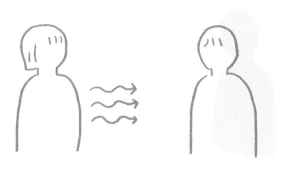

우리 자신이 이런 심리적 경향을 갖고 있다는 사실을 모르면, 과거 만났던 사람에게 느꼈던 **감정**과 당시 그에게 보였던 **반응**을 지금 내 앞에 있는 사람에게 **옮겨서 적용**하면서도 이를 인지하지 못할 수 있다. 정신분석학과 심리학에서는 이런 현상을 가리켜 **전이** transference*라고 부른다.

---

* 전이: 정신분석학의 창시자 지그문트 프로이트가 고안한 이 개념은 본래 상담 과정에서 내담자가 어린 시절 중요한 사람과 관계를 맺으며 가졌던 감정, 생각, 욕망, 행동 패턴을 상담자에게 무의식적으로 표출하는 현상을 의미한다. 지금은 일상의 인간관계 문제를 다룰 때도 널리 사용되고 있다. 전이는 내담자가 상담자에게 친근감, 동경, 호감의 감정의 갖는 긍정적 전이와 적개심, 시기, 반발심, 좌절감을 갖는 부정적 전이로 나뉜다. 예를 들어, 유·아동기에 폭력적인 아버지 밑에서 자란 아이가 훗날 화를 참지 못하는 학교 선생님이나 감정 기복이 심한 상사를 만날 경우 과거 아버지와의 관계에서 느꼈던 불안, 분노, 공포, 복수심을 고대로 드러낸다면 이는 부정적 전이에 해당된다. _편집자주

전이는 아주 사소한 일로도 일어날 수 있다.

가령 **책상 앞에 앉아 있는 사람**을 보고 열등감을 느끼거나 (사실과 상관없이) 그 사람을 지식인이라고 생각할 수 있다.

또 어떤 사람이 **내가 평소 존경하던 사람**을 떠올리게 하면 그 사람을 만날 때 다른 사람보다 더 관대하게 대할 수 있다.

또는 **덩치가 크고 과묵한 사람**을 만나면 (사실과 상관없이) 나에게 적대적인 사람이라고 느끼기도 한다.

인간의 마음은 컴퓨터와 유사하게 작동한다. 특정 입력치에 '자동반응' 하도록 설계된 컴퓨터처럼 우리 마음도 특정 자극이 들어오면 자동반응 하도록 되어 있다. 지금 내 앞에 있는 상대가 과거에 만났던 누군가를 떠올리게 하면 과거 그때의 감정과 태도를 무의식적으로 지금 상대에게 대입하는 현상, 즉 전이가 일어나는 것도 우리 마음에 내재된 이러한 자동반응 메커니즘 때문이다.

우리는 특정 상황이 반복해서 일어나는 경우 매번 '꼼꼼'하게 '다시 생각'하는 과정을 건너뛰고 싶어 한다. 그래서 특정 상황에 대한 행동 반응을 자동화한다. 행동 반응의 자동화는 일상에서 흔하게 볼 수 있다. 다음의 몇 가지 예가 이를 보여준다.

자동차 운전하는 법을 처음 배웠을 때를 떠올려보자. 우리는 우선 차의 각 부분을 하나하나 따로 생각했다.

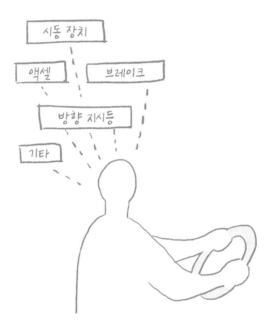

하지만 일단 각 장치의 기능이 마음에 **프로그램화** 되자 교통 흐름, 도로 표지판, 날씨 등이 눈에 들어오기 시작했고 얼마 안 돼 보조석에 탄 동승자와 대화를 하거나 음악을 들으며 운전하는 일도 어렵지 않게 되었다.

이런 식으로 우리는 **의식하지 못하는 사이, 자동으로** 운전할 수 있게 됐다.

글을 쓸 때도 마찬가지다. 우리는 자동적 내지 무의식적으로 글을 쓴다.

우리는 '안녕', '건강'을 쓰면서 글자 하나하나를 곰곰이 생각하지 않는다. 그저 말하고자 하는 내용을 생각할 뿐이다. 생각이 정리된 순간 글자는 종이 위에 나타난다. 그렇게 쓰다 보면 글은 자동적으로 완성된다.

> 글을 읽을 때도 어떤 일이 자동적으로, 무의식적으로 일어난다. 글 속 단어는 우리의 기억 속 어떤 생각을 자동적으로 불러온다. 특정 방식으로 반응하도록 우리 마음이 길들여졌기 때문이다.

먹을 때는 또 어떤가?

먹을 때 우리가 집중하는 건 음식의 맛이지 이 음식을 어떻게 입으로 가져와 씹고 삼킬까가 아니다. 이렇게 우리는 다양한 방식으로 행동 반응을 프로그램화 했고 더 편하게 살기 위해 습관을 개발했다. 그 결과 이미 자동반응화 시킨 것에 대해서 더는 어떻게 반응해야 하는지 고민하지 않게 되었다.

오해하지 마시길. 우리의 무의식unconscious mind이 나쁜 것만은 아니다. 의식conscious mind을 자유롭게 풀어놓아 다른 일을 할 수 있도록 기능하는 것이 바로 무의식이다.

그러나 이 무의식 때문에 인간관계에 문제가 생기는 것도 사실이다.

전이 현상이 무의식과 관련 있기 때문이다.

우리는 특정 유형으로 보이는 사람에게

자동으로 일어나는 어린 시절의 반응을

전이한다.

**자신이 그렇게 하고 있다는 사실도 깨닫지 못한 채.
즉, 무의식적으로.**

전이는 대개 **힘**을 가진 사람을 만나는 관계에서 일어난다.

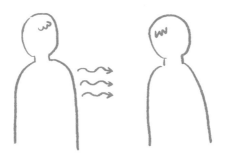

힘을 가진 사람과의 만남은 자주 **어린 시절의 감정**을 불러
온다.

여기서 말하는 어린 시절의 감정이란 '허탈감', '무력한 느
낌', '힘 있는 사람이 되고 싶은 바람' 등을 말하며, 이런 감정이
훗날 힘을 가진 사람을 만나면 다시금 되살아나는 것이다.

어린 시절
우리는
오랫동안
열등한
입장에
있었다.

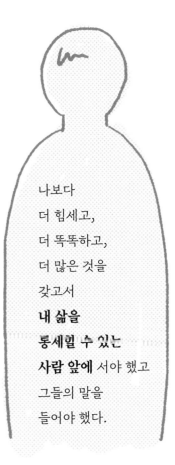

나보다
더 힘세고,
더 똑똑하고,
더 많은 것을
갖고서
**내 삶을
통제할 수 있는
사람 앞에** 서야 했고
그들의 말을
들어야 했다.

점차 우리는 힘을 쥔 이 어른들을 상대하는 몇 가지 방책을
마련한다.

어른이 되어서도 우리는 힘 있는 사람 앞에 서면 어릴 때 통했던 방법으로 대응하려고 한다.

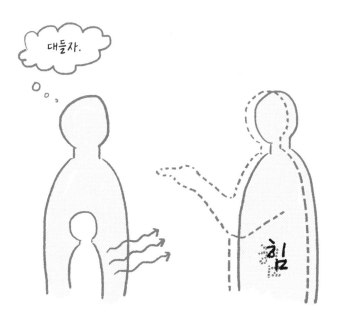

힘 있는 사람을 만나면서 나약함, 피곤함, 중압감을 느낄 경우 십중팔구 어린 시절의 반응을 전이하는 현상이 가장 거세게 일어난다.

전이 개념을 모르면 인간관계의 많은 문제가 의문으로 남는다. 나의 말에 상대가 왜 이렇게 반응하는지, 상대의 태도에 내가 왜 이런 감정을 보이는지 모르거나 오해할 수 있다.

그렇다면 **전이는
어떻게 일어날까?**
예를 통해 알아보자.
어릴 때
지속되는 압박 가운데
관계를 맺었던
사람을 떠올려보자.

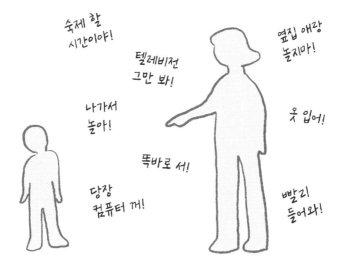

숙제 할
시간이야!

텔레비전
그만 봐!

옆집 애랑
놀지마!

나가서
놀아!

옷 입어!

똑바로 서!

당장
컴퓨터 꺼!

빨리
들어와!

이렇게 **까탈스러운 부모** 밑에서 자라면서 아이는 나름 다양한 방법으로 부모의 요구에 대처하려 했을 것이다.

가령 **'말 잘 듣는 아이'**가
되려고 했을 수도 있다.
하지만 이런 식의 관계 맺기
는 문제가 있다.

부모가 지시하는 일에 시간을 쏟게 되면서 정작 자신이 원하는 일에는 시간을 거의 내지 못하기 때문이다.

'반항아'가 되는 것 역시
좋은 방법은 아니다.

이런 식으로 대응해봤자 결과는 뻔하다. 부모 입장에서 아이가 원하는 것(텔레비전 시청, 아이스크림 먹기)을 줄 리 만무하다.

대개 '**미루기**'는 까탈스러운 부모를 상대하는 가장 효과적인 방법이었다.

"**할게요**"로 부모의 심기를 편안하게 한 뒤 "**좀 이따가**"로 내가 원하는 시간을 버는 식이다.

일단 관계에 있어서 최선의 대처법을 찾으면 우리는 이 유형의 관계에 가장 잘 맞는 **자동반응**을 프로그램화 한다.

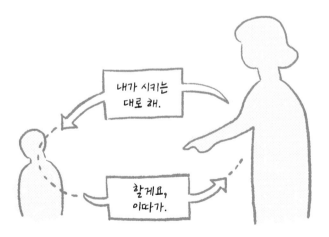

일생동안 우리는 비슷한 상황에 처하면 프로그램화 된 최선의 대처법을 되풀이하려고 한다.

물론 미루기가 꼭 필요한 상황도 있다. 하지만 무언가를 요구받을 때마다 미루고 있다면 전이가 일어나고 있다고 봐야한다.

또 다른 예를 통해 전이가 어떻게 일어나는지 알아보자. 앞의 경우와 반대로, 필요한 게 있으면 즉시 들어주던 사람으로 둘러싸여 어린 시절을 보냈던 사람을 떠올려보자.

이렇게 자란 아이는
성인이 되어서도
기다릴 줄 모른다.
힘을 갖고자 끈질기게
싸워본 적이 없기 때문에
매사 '즉흥적'이다.
(물론 이 점 때문에
사람의 마음을 끌 수도 있다.)

부모가 드물게 '한계에 달해 내 말을 들어주지 않는' 상황에서만 원하는 걸 얻고자 부모와 기 싸움을 했을 것이다.

뭐든 쉽게 손에 넣었던 사람은 부모가 내 말을 들어 주지 않는 상황을 만나면 짜증을 내거나 '날 사랑하지 않나 봐요' 식의 원망어린 반응을 보임으로써 가볍게 원하는 바를 쟁취했을 것이다.

쉽게 져주는 부모 밑에서 자란 사람은 다른 사람의 합리적인 요구를 '나를 사랑하지 않는' 증거로 받아들이곤 한다. 본인이 자기중심적이고 충동적으로 행동하고 있다고는 생각치 못하는 것이다.

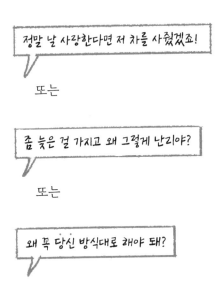

정말 날 사랑한다면 저 차를 사줬겠죠!

또는

좀 늦은 걸 가지고 왜 그렇게 난리야?

또는

왜 꼭 당신 방식대로 해야 돼?

놀랍게도, 쉽게 져주는 만만한 부모 밑에서 사던 사람은 종종 요구사항이 많은 엄격한 사람에게 끌린다. 어린 시절 경험하지 못한 질서와 규칙이 주는 안정감을 느끼게 해주기 때문이다. 반대로, 지나치게 까탈스러운 부모 밑에서 자란 사람은 즉흥적이고 덜 엄격한 사람에게 호감을 느끼곤 한다.

하지만 대다수의 사람은 자기 자신이 그런 경향을 가졌다는 사실을 모른 채 어린 시절 익숙했던 감정·생각·행동 패턴을 반복한다.

힘겨루기는 대화를 나누는 두 사람이 서로에게 전이를 할 때 가장 활발히 일어난다. 이때 두 사람은 얼핏 보면 논리적인 것 같지만 알고 보면 유치한 방법으로 힘을 겨룬다.

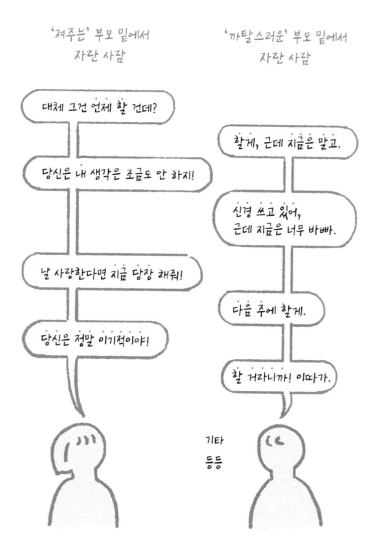

'져주는' 부모 밑에서 자란 사람

대체 그건 언제 할 건데?

당신은 내 생각은 조금도 안 하지!

날 사랑한다면 지금 당장 해줘!

당신은 정말 이기적이야!

'까탈스러운' 부모 밑에서 자란 사람

할게, 근데 지금은 말고.

신경 쓰고 있어, 근데 지금은 너무 바빠.

다음 주에 할게.

할 거라니까! 이따가.

기타 등등

그렇다면
무엇을,
어떻게,
하면 될까?

우리는

힘겨루기

즉, 상대방을
밀어내고
힘을 차지하려는 분투를
멈출 수 있다.

대신
상대의 **존재**를 받아들이고
창조적으로
행동함으로써

관계를

돈독히
할 수 있다.

사람은 아주 비슷하지만 지구상 수십억에 달하는 인구 중 똑같은 사람은 아무도 없다. 심지어 일란성 쌍둥이조차!

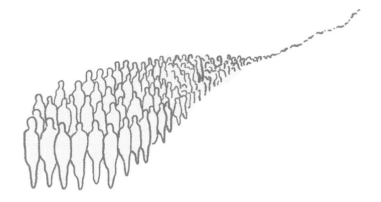

누구나 다른 사람에게 도움이 될 수 있는 자기만의 독특한 무언가를 갖고 있다.
독특한 무언가가 어떤 일을 하는 새로운 방식일 수도 있고,
단순히 어떤 정보일 수도 있으며,
때로는 어떤 경험일 수도 있고,
슬픔과 기쁨의 의미에 대한 나름의 통찰일 수도 있다.

각자가 갖고 있는 이 고유성이 **창조적인 관계 맺기**를 통해 개개인의 삶을 풍요롭게 한다.

여기에서 **'창조적'**이라는 말은 무슨 뜻일까?
'존재하게 한다 BE-ing**'**는 의미다.

따라서
창조적인 관계란
각자의 고유성을
살림으로써
서로를 풍요롭게 하는

인간관계를

말한다.

그러면 어떻게
이런 창조적인 관계로
나아갈 수 있을까?

여기 창조적인 관계를 구축하는 6단계를 소개한다. 인간관계를 좌우하는 두 가지 기본 원리인 반사하기와 보호하기를 현실에서 효과적으로 적용할 수 있도록 구체화한 것이 바로 다음의 6단계다.

창조적인 관계를 위한 6단계

1. 나와 상대방 모두 건강한 기본 욕구를 품고 있다고 **믿는다**.
2. 감정을 솔직하게 드러낼 수 있는 분위기를 **만든다**.
3. 상대가 말한 내용을 신뢰, 경청, 명료화를 통해 **이해하고 공감한다**.
4. 내 영역을 명확히 하고 굳건히 지킴으로써 나 자신을 **보호한다**.
5. 자아를 존중하며 대안을 **모색한다**.
6. 내 태도를 바꾸는 모험을 **감행한다**.

유의할 것은, 문제 상황에 어떤 단계를 적용했다고 해서 자동으로 다음 단계로 넘어가는 건 아니라는 사실이다. 경우에 따라서는 이전 단계로 돌아가야 할 수도 있다.

2장

인간 본성
이해하기

창조적인 관계를 위한 첫 번째 단계의 핵심인 '신뢰'에 대해 살펴보자. 힘을 겨루는 상황에서 창조적으로 행동하려면 **우리 안에 선하고 옳다고 여겨지는 일을 향한 건강한 욕구가 내재돼 있음을 믿어야 한다.**

창조적인 관계를 위한 6단계

1. 나와 상대방 모두 건강한 기본 욕구를 품고 있다고 믿는다.

2. 감정을 솔직하게 드러낼 수 있는 분위기를 만든다.

3. 상대가 말한 내용을 신뢰, 경청, 명료화를 통해 이해하고 공감한다.

4. 내 영역을 명확히 하고 굳건히 지킴으로써 나 자신을 보호한다.

5. 자아를 존중하며 대안을 모색한다.

6. 내 태도를 바꾸는 모험을 감행한다.

세상 돌아가는 모습을 보면 사람에게 본성적 선이 있다는 말이 믿어지지 않을 때가 있다. 돈을 둘러싼 온갖 범죄와, 이익을 위해서라면 가족을 버리는 짓은 물론 전쟁도 불사하는 개인과 조직, 국가의 이기심을 보면서 인간은 본래 선하다고 생각할 수 있겠는가.

인간 본성의 몇몇 측면을 생각하면 이런 회의적 감정이 드는 것도 당연하다.

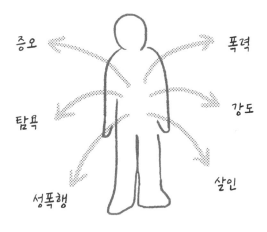

인간 내면의 깊은 곳에 자리하고 있는 본성은 터지기 직전의 파괴적 욕구로 가득해 보인다.

실제로 몇몇 종교 단체와 심리학자는
인간의 기본 본성이 **화산 폭발**과 같다고 생각한다.
마치

악한 욕구가
우리 내면의
표면 아래에서

끓고 있다고 보는 것이다.
이들 견해에 따르면,
우리는 악한 욕구를 '도덕률'과 '규율'로 다스리거나
자기 통제를 통해 끊임없이 '조절'해야 한다.
하지만 이 같은 주장은 인간의 기본 본성을
잘못 이해한 것이다.

근본적으로 인간은

무질서한 충동으로 들끓는

화산 같은 존재라기보다는

각 부분이 밀접하게 얽혀 있는 **'유기적'** 존재이다.

차츰 온전한 모습으로 성장해가는 나무처럼 말이다.

때가 되면 아름답게 피는 꽃과 아름드리 나무는 이미 씨앗 단계에서 자신이 훗날 어떤 모습이 되리라는 것을 '알고' 있다. 이들 식물의 씨앗이 그렇듯 **인간 역시 각자 '목적' 의식을 품고 있다.** 즉 자신이 어떤 모습이 **되고자 하는지 알고 있다.**

씨앗은
'성숙'을
'잠재적'으로
품고 있다.
그러니까
씨앗
안에는

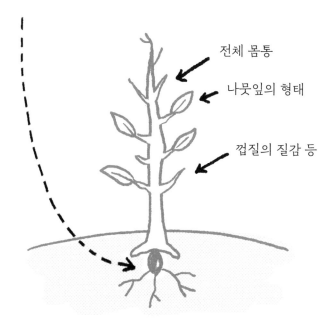

전체 몸통

나뭇잎의 형태

껍질의 질감 등

나무의 성숙과 관련된
일종의 '앎'이 내재돼 있다.

인간도 마찬가지다.
잠재적 성숙에 대한 앎*이
인간 존재에 내재돼 있다.

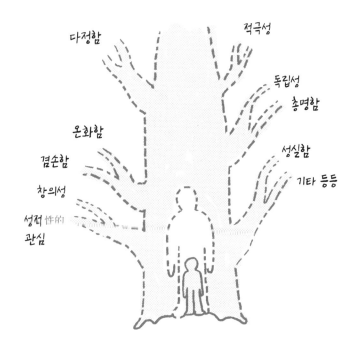

* 이러한 앎은 일정 부분 밝혀졌으나, 완벽하게 규명된 것은 아니다. 따라서 목회자 오스왈드 챔버스가 "우리에게 가장 도움이 되는 작가는 몰랐던 것을 알려주는 사람이 아니라 표현하려고 애써왔던 진실을 표현해 주는 사람이다"라고 한 말은 지금도 유효하다. _지은이주

하지만 인간이
유기적 존재이고
잠재적으로 선하다면
우리 내면의 **악한 충동**은
어떻게 설명해야 할까?

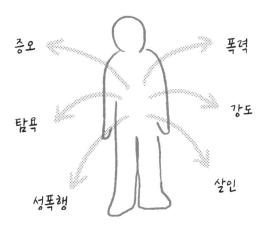

우리가 목격하는 내면의 악한 충동은
사실 **성장을 차단**한 결과일 따름이다.
이는 나무의 가지치기를 잘못했을 때의
결과와 매우 흡사하다.

적절한 가지치기로
잘 자란 나무는
이런 모습일
것이다.

하지만 이렇게
한쪽 가지만
왕창 잘린다면

이렇게 다른 한쪽에
가지가 몰려 자랄 것이나.

그렇게 되면 결국 나무는
균형을 잃고 만다.

우리의 잠재적 성숙이 이상적으로 실현된다면 다음 그림처럼 내면의 자질이 조화롭게 발달된 모습을 보일 것이다.

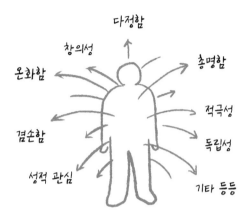

그러나
이들 자질(가지) 가운데
어느 가지가
충분히 자라지
못하면,

다른 가지가
유독 크게 자라게 된다.

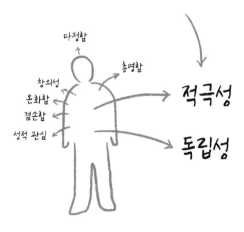

물론,

적극성
&
독립성은

그 자체로 좋은 자질이다. 그러나 다른 자질과 **균형을 이루지 못하면**

다정함, 창의성, 온화함, 겸손함,
성적 관심 같은 자질이 제대로
자라지 못하게 함으로써

문제의 근원이 될 수 있다.

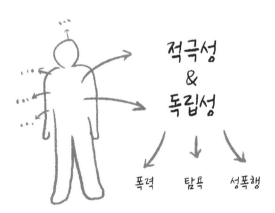

적극성
&
독립성

폭력   탐욕   성폭행

다른 자질도 마찬가지다.

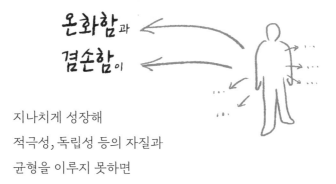

온화함과
겸손함이

지나치게 성장해
적극성, 독립성 등의 자질과
균형을 이루지 못하면

역시 또 다른 문제의 근원이 된다.

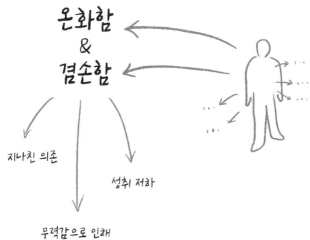

온화함
&
겸손함

지나친 의존

성취 저하

무력감으로 인해
사람과 상황에 휘둘림

평소에 유독

적극적이고

독립적이기만 힌 사람은

다시 말해, 그외 다른 자질과 균형을
이루지 못한 사람은 다음과 같은 태도
로 자신을 드러낼 것이다.

스스로를 아끼지 않으면, 누구도 나를 아껴 주지 않아!

누구도 나한테 이래라저래라 할 순 없어!

나는 누구처럼 엄살쟁이가 아니야!

한편

온화함과

겸손함이

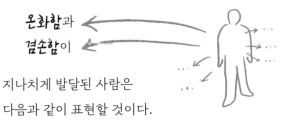

지나치게 발달된 사람은
다음과 같이 표현할 것이다.

나 좀 도와줄래? 나는 뭐 하나 제대로 못하겠어!

당신이 말하는 건 다 옳아.

...

(침묵한다)

우리가 자질을 골고루 발전시키지 못한 이유는 무엇일까? 어떤 특정 감정의 경우 느끼는 것만으로도 **잘못된** 거라고 배우기 때문이다.

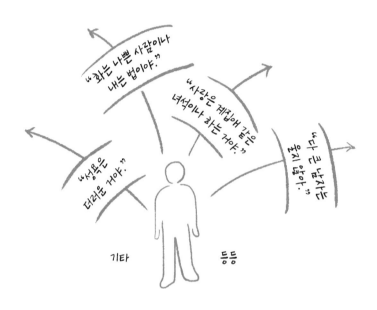

결국 우리는 우리 전체를 이루는 가지 중에서 어떤 가지는 자라지 못하도록 **억제하는 법을 배운다.** 그런 가지는 **자랄 필요가 없어** 보이거나 자라는 과정이 **너무 고통스러워** 보이기 때문이다.

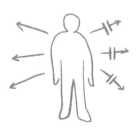

어릴 때를 생각해보자. 단지 어떤 감정을 **품었다**는 이유로 얼마나 많이 자책했던가.

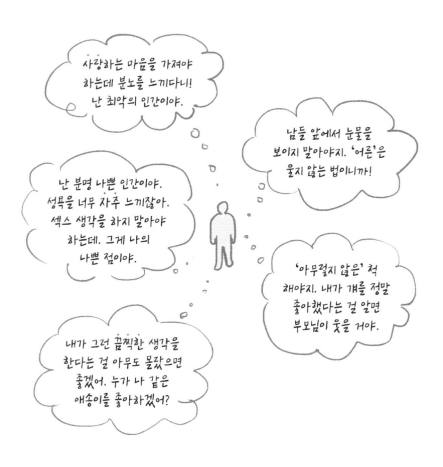

> 사랑하는 마음을 가져야 하는데 분노를 느끼다니! 난 최악의 인간이야.

> 남들 앞에서 눈물을 보이지 말아야지. '어른'은 울지 않는 법이니까!

> 난 분명 나쁜 인간이야. 성욕을 너무 자주 느끼잖아. 섹스 생각을 하지 말아야 하는데. 그게 나의 나쁜 점이야.

> '아무렇지 않은' 척 해야지. 내가 걔를 정말 좋아했다는 걸 알면 부모님이 웃을 거야.

> 내가 그런 끔찍한 생각을 한다는 걸 아무도 몰랐으면 좋겠어. 누가 나 같은 애송이를 좋아하겠어?

필자가 말하고자 하는 것은, **모든 감정을 겉으로 드러내라는 의미가 결코 아니다. 어떤 감정이든 자기 존재의 한 부분으로 받아들여야 한다는 것이다.** 성숙한 사람은 감정에 놀아나지도, 감정을 외면하지도 않는다.

우리 내면에서 보면 우리가 품는 모든 감정은 다 그럴 만한 이유가 있다. 품었던 감정이 어떤 것이었든지 그 당시에는 온당했었다. 이 사실을 지금의 인간관계에 적용하자.

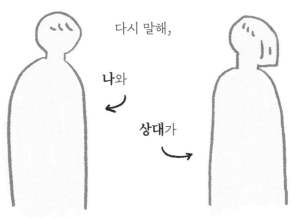

다시 말해,

나와

상대가

품고 있는

현재의 감정을 받아들이자.

그 감정이 아무리 부정적이고 괴로운 것이라 해도 인정하자.
이는 두 사람을 건강하고 온전한 관계로 이끄는
결정적 발걸음이다.

어떤 감정이 왜 드는지 이해하지 못하더라도 이런 감정 경험을 나 '자신'의 일부로 받아들이자. 또 상대의 감정 경험을 그 사람 '자신'의 일부로 받아들이자. 그러면 관계에서 성숙한 성장을 이룰 수 있다.

3장

**나다움을
드러내는
관계의 기초**

우리는 앞서 창조적인 관계를 위한 6단계 중 첫 단계를 살펴보았다. 이번 장에서는 두 번째 단계에 대해 생각해본다.

창조적인 관계를 위한 6단계

1. 나와 상대방 모두 건강한 기본 욕구를 품고 있다고 믿는다.

2. 감정을 솔직하게 드러낼 수 있는 분위기를 만든다.

3. 상대가 말한 내용을 신뢰, 경청, 명료화를 통해 이해하고
   공감한다.
4. 내 영역을 명확히 하고 굳건히 지킴으로써 나 자신을
   보호한다.
5. 자아를 존중하며 대안을 모색한다.
6. 내 태도를 바꾸는 모험을 감행한다.

감정을 받아들이는 일이 처음에는 위험해 보일 수 있다. 감정이 일정 수위를 넘어가는데도 억제하지 못할 시 파괴적인 행동으로 이어질 수 있기 때문이다.

실제로 감정은 억누르면 억누를수록 대개 점점 더 격해지기 마련이고 결국 밖으로 터져 나오려고 한다.

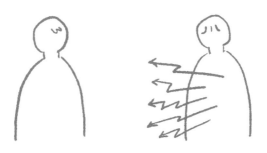

감정이 격해진 상대와 언쟁을 벌이는 상황을 떠올려보자.

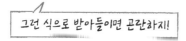

그런 식으로 받아들이면 곤란하지!

상대방에게 이런 말로 계속 응답하면 대개 상대의 감정은 누그러드는 대신 더 격렬해진다.

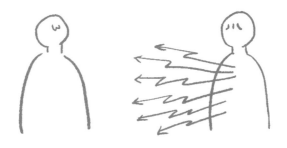

우리는 감정을 다루는데 있어 문제가 생기면 문제가 되는 자질에 **힘**(규율, 법, 질서 등)을 가해 문제 상황을 바로잡으려고 한다.

예컨대 아이가 학교에서
친구를 때리거나 괴롭혀서 문제가 되면,

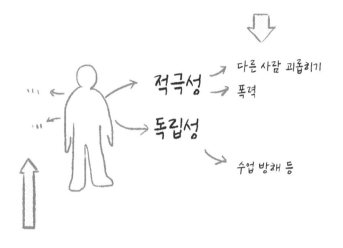

문제 행동을 빚은 적극성과 독립성을
손보려고 한다. 오히려 **다른 자질들을
키워 전체 감정의 균형을 이루는 일**이
중요한데도 말이다.

힘(규율, 법, 질서)은 몇몇 경우에 효과적일지 모른다. 그렇더라도 힘은 **문제의 원인이 아닌 증상만을 다룰 뿐**이다.

일반적으로 감정과 관련한 문제는 내가 **무언가를 할 수 없어서가 아니라 내 감정에 솔직하게, 즉 나답게 행동할 수 없기 때문에** 발생한다.

관계에서 생기는 모든 문제의 **원인**을, 특정 감정이 받아들여지지 않아서 나 자신으로 온전히 존재할 수 없었기 때문이라고 보면,

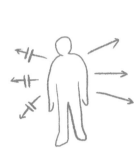

해결책은 한때 쓸모없거나 너무 고통스러워 보였던 감정이 다시 자랄 수 있도록 만드는 것이다.

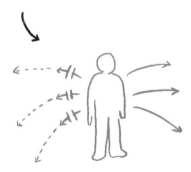

이렇게 될 때 우리는 **온전한** 존재로 나아갈 수 있다.

하지만 안타깝게도 우리 주위의 어른들은 우리가 **해로운 욕망**을 품을까 걱정된 나머지 우리를 자기들이 원하는 틀 안에 맞추려 했다. 물론 선의에서 비롯된 훈육이었다. 그들은 '**성장해가는 존재로서의 인간** human BE-ING'이 두려웠던 것이다. 그러나 그들의 압력은 문제를 해결하기는커녕 **문제를 더 키웠다!**

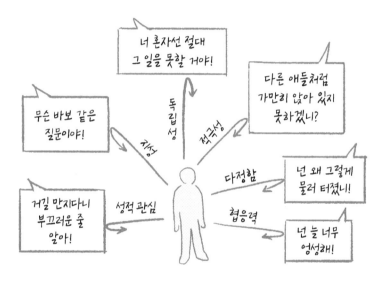

우리는 어른으로부터 이런 말을 듣고 자랐다. 만약 이런 말을 이따금씩 들었다면 성장에 그다지 큰 영향을 끼치지 않았을 것이다. 그러나 사방에서 하루에도 몇 번씩 들었다면 어떤 영역의 성장은 가로막혔을 것이다.

감정을 아이들이 가지고 노는 풍선 속 공기라고 생각하면 **압박감이 감정에 어떤 영향을 미치는지** 쉽게 이해할 수 있다.

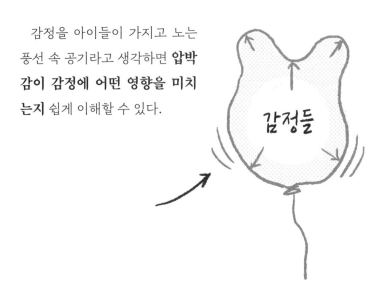

감정들

전체를 이루는 감정들 중 **어떤 감정이 '눌리면'**

어떤 감정이 지나치게 '부푼다'.

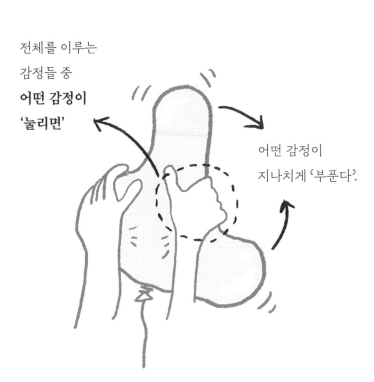

예컨대 부모가 지속적으로 어느 한쪽 감정을
이렇게 억누르면

아이의 다른 한쪽
감정은 격렬해질
것이다.

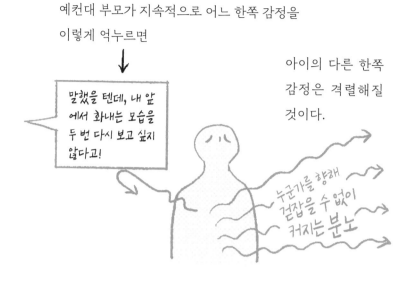

물론 똑같이 억누르더라도

양상은 다르게 나타
날 수 있다.

　한 사람의 어떤 감정을 억누를 때 그가 **어떻게 반응할지** 예
상하기란 쉽지 않다. 그러나 확실한 것은, 어떤 상황에서도 **나
자신으로 존재하고자 하는 욕구**는 살아 있다는 사실이다. 즉
어떤 형태로든 자신을 드러내려고 한다는 것이다.

손으로 호스의 물을 막으면

손과 호스 사이의 틈으로 물이 어떡하든 삐져나오는 것처럼 인간 역시 '**존재**'가 **짓눌리면** 어떤 식으로든 **존재할 다른 방식을 찾는다**.

만약
어렸을 때
다정한 성격 때문에
비우음을 당했다면

성인이 되면서 다정함을 포기하고, 그렇게 포기한 데 대한 보상이 주어지는 **다른 존재 방식**을 찾는다.

찌그러진 풍선을 제 모양으로 만드는 방법은 무엇일까? 크게 부풀어오른 부분을 더 강한 힘으로 누르는 것? 아니다.

'눌린' 부분에 **가한 힘을 풀어버리면** 된다.

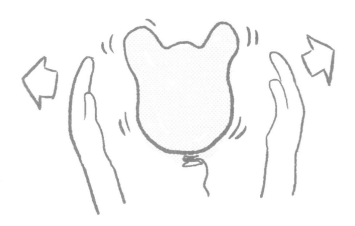

그러면 **제 모양으로 돌아온다**.

인간 존재도 마찬가지다. 우리가 성숙한 인간이 되기 위해서 필요한 것은 과도하게 부푼 부분에 **압박을 더하는 것이 아니다.**

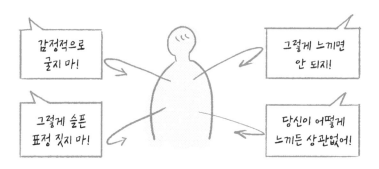

오히려 눌린 부분에
가한 힘을 푸는 것이다.

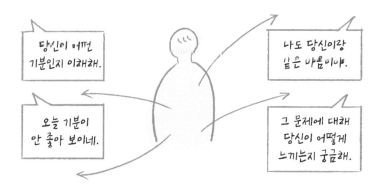

그때서야 우리는 **자기 감정을 솔직히 드러낼 수 있다.**

여기서 분명히 해둘 사실이 있다. 감정을 받아들인다는 의미가 누군가(자기 자신을 포함)의 모든 행동을 받아들인다는 의미는 아니라는 사실이다.

예컨대 공격적이고 완고한 사람이 다른 사람의 입장은 아랑곳 않고 제멋대로 행동하는 모습을 수용해야 한다는 의미가 아니다. 또 배려심 많고 정직한 사람이 의도치 않게 다른 사람에게 상처 주는 모습을 수용해야 한다는 의미도 아니다.

원인이 무엇이든 상처 주는 행동에 어떻게 대처하느냐가 인간관계의 기본적 문제다.

성공적인 관계란
두 사람 모두에게 유익한

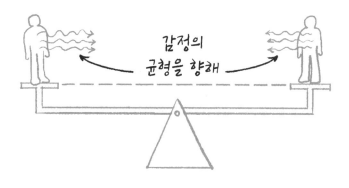

계속
나아가는 관계를
말한다.

3장까지의 내용을 정리해보자.

인간관계의 문제를 푸는 핵심적인 두 단계가 있다. 첫 번째 단계는 '반사하기'. 상대의 밀을 귀기울여 듣고 들은 내용이 맞는지 상대에게 확인해 공유하는 행위를 말한다. 두 번째 단계는 '보호하기'. 상대가 아닌 나의 감정을 살피고 돌봄으로써 스스로를 존중하는 행위를 말한다.

상대의 감정을 다루는 반사하기와 나의 감정을 다루는 보호하기를 제대로 실행하려면 인간관계에서 문제가 발생하는 상황을 먼저 이해할 필요가 있다. 관계에서의 갈등은 대개 어느 한쪽이 힘을 갖고 있을 때(자녀-부모, 학생-교사 등) 생긴다. 이러한 힘겨루기 상황에서는 전이가 쉽게 일어나기 때문이다. 전이는 어린 시절 중요한 사람과 관계를 맺으며 가졌던 감정, 생각, 욕망, 행동 패턴을 특정 인물에게 무의식적으로 표출하는 현상을 말한다. 인간은 반복되는 상황을 효율적으로 처리하고자 특정 자극에 자동적으로 반응하는 심리 기제를 갖고 있다. 전이도 자동반응화의 한 형태다. 힘겨루기 장場에서 전이에 휘둘리지 않고 의미 있는 관계를 이어가려면 나와 상대가 느끼는 현재의 감정이 어떤 것이든 받아들여야 한다. 또한 온전한 '나다움'을 방해했던 불필요한 압박을 풀어버려 자기 감정을 솔직하게 드러내야 한다.

여기까지 이해했다면 이제 준비운동은 끝났다. 4장에서는 인간관계의 문제를 푸는 핵심 두 단계 중 하나인 반사하기를 본격적으로 다룬다

2부

나를 사랑하고
너를 사랑하는
방법

4장

**진짜 목소리
듣기**

4장에서는 본격적으로 반사하기를 다룬다. 신뢰, 경청, 명료화는 반사하기의 구체적인 방법으로서, 각각의 개념을 숙지할 필요가 있다.

창조적인 관계를 위한 6단계

1. 나와 상대방 모두 건강한 기본 욕구를 품고 있다고 믿는다.
2. 감정을 솔직하게 드러낼 수 있는 분위기를 만든다.

> **3. 상대가 말한 내용을 신뢰, 경청, 명료화를 통해 이해하고 공감한다.**

4. 내 영역을 명확히 하고 굳건히 지킴으로써 나 자신을 보호한다.
5. 자아를 존중하며 대안을 모색한다.
6. 내 태도를 바꾸는 모험을 감행한다.

두 사람 사이 감정의 균형점을 찾으려면 **반사하기**가 마땅히 우선적으로 실행돼야 한다.

즉 상대방의 말을 듣고 이해한 것을 상대방에게 곧바로 전달해 확인받고 공유해야 한다.

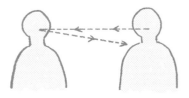

반사하기는 상대의 말을 앵무새처럼 단순히 되풀이하는 게 아니다. 상대의 감정을 알아차리고 이해한 뒤 제대로 이해했는지 '확인'해보려는 적극적 행위이다.

'이 사람은 나를 이해하려고 노력하는구나'라고 상대가 감지하는 순간 둘의 관계는 좋아지기 시작한다.

이런 수준의 이해에 다다르려면 세 가지 조건이 선행돼야 한다. 즉 제대로 된 반사하기는 세 가지를 통해 가능하다.

· **신뢰** Trusting
· **경청** Listening
· **명료화** Clarifying

우리는 타인과의 만남에서 신뢰, 경청, 명료화를 직관적으로 수행한다. 그러나 서로의 감정을 더 예민하게 알아채고 확인받아야 하는 관계에서는 세 단어의 의미를 제대로 파악할 필요가 있다. 차례차례 살펴보자.

언뜻 **신뢰**는 행위와 관련된 것으로 보일 것이다. 인간관계에서 신뢰는 우리가 **어떤 행동을 하느냐**에 달려 있다고 보기 쉽다. 그러나 기본적으로 사람 사이 신뢰의 문제는 우리가 **어떤 사람인지**에 달려 있다. 다시 말해 우리가 **어떤 관점을 갖고 다른 사람을 바라보는지**에 따라 신뢰의 질과 수준이 결정된다. 나와 상대방 사이의 신뢰를 강화하고 싶다면 새로운 관점으로 상대를 대할 필요가 있다.

다음과 같은 관점으로 상대방을 바라보자.

1. 상대는 자신이 **어떤 방식으로 관계를 맺는지 모르고** 나를 대할 수 있다.

2. 상대가 적대적인 이유는 본래 나에게 반(反)해서가 아니라 **단지 감정을 드러냄으로써 자기 자신으로 존재하려고 하는 것**이다.

인간관계에서 신뢰를 말할 때 반드시 기억해야 할 중요한 사실이 하나 있다.

**신뢰는 또한
판단하지 않으려는
의식적 노력을 의미한다는 사실이다.**

한 사람이 어떤 순간에 **특정한 감정을 느끼는 것**은 그가 **과거에 경험한 수많은 일**의 결과이다.

쉽게 말해, 다음과 같은 말과 반응을 과거에 오랫동안 듣고 겪어온 결과인 것이다.

"넌 정말 형편없는 애구나!"

"당하기 전에 먼저 밟아버려!"

"싸워서 원하는 걸 손에 넣어!"

기타 등등

따라서 누구도 함부로 다른 사람에게 **"그렇게 느끼면 안 되지!"**라고 말해서는 안 된다. 그럴 권리가 우리에겐 없다.

감정이라는 것은 다른 사람이 나에게 의도적으로 '만들어' 주는 것이 아니다. 그저 **나 자신이 특정 순간에 '갖게 된'** 것이다.

우리는 가끔 어떤 사람의 **행동만 보고 서둘러 판단**해 버린다. 왜 그렇게 행동했는지, 우리가 모르는 말 못 할 사정이 있는 건 아닌지 조금도 생각해보지 않는다.

우리 중 누군가는 "어떤 행동은 동기가 눈에 훤히 보이던데요"라고 말할 것이다. 물론 그런 경우도 있을 것이다. 그러나 사실 어떤 행동 뒤에 숨은 의식적인 또는 무의식적인 동기를 알아차리기란 상당히 어려운 일이다. 우리는 우리 자신의 삶의 동기조차도 잘 모르지 않는가. 남의 마음속이야 더더욱 모를 수밖에.

그럼에도 우리는 겉으로 보이는 행동만 보고 누군가를 판단해버린다. 섣불리 행동의 의미를 판단한 결과 많은 관계가 깨지고 틀어졌다. 심지어 어떤 관계는 수년간 깨진 채 우리를 아프게 한다.

물론 어떤 행동에 대해서 빠른 판단을 내려서

> 훔치는 건 잘못됐어.

다시는 그런 행동을 하지 않도록 하는 것도 필요할 것이다.

설사 그런 경우더라도 **인간이라는 존재로서 누군가의 가치를 평가하는 것은 매우 다른 문제**다.

> 어쨌거나 난 저 사람보다 훨씬 나은 사람이야. 나는 남의 물건에 손대지는 않잖아!

각자 자신의 삶을 되돌아보라. 어느 장면에서 나는 그 사람보다 훨씬 더 잘못된 행동을 했는지도 모른다.

사람을 판단할 때 **두 가지 차원**을 혼동해서는 안 된다.

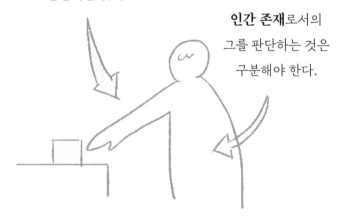

그 사람의 **행동**을
판단하는 것과

인간 존재로서의
그를 판단하는 것은
구분해야 한다.

행동을 평가하는 것은 중요하고 필요한 과정이다.

그건 옳지 않은 행동이야. 나한테
저렇게 행동하는 건 어림없어!

그러나 사람 자체를 평가하는 것은 별개의 문제다.
행동으로 그 사람 자체까지 평가해서는 안 된다.

저런 행동을 하는 사람은 다 못됐어!

'판단을 유보한다'는 말의 의미를 보여주는 몇 가지 예를 살펴보자.

그가 왜 화를 내는지 모르겠어. 과거 누군가에게 가졌던 감정을 나한테 그대로 대입하고 있나? 음… 그런데 지금 나도 똑같이 반응하고 있는 건 아닐까. 어쩌면 나도 그에게 전이를 하고 있는지도 몰라.

밀어붙이는 태도가 거슬려! 그는 분명 이 상황에 불안감을 느끼고 있고 어떡하든 존재감을 보여주고 싶은 모양인데. 잘난 척이야 뭐야! 가만, 그런데 어제 나도 그 친구한테 똑같이 하지 않았나… 거참!

그 친구, 나한테 너무 심하게 가혹해! 어렸을 때 누군가 본인을 그런 식으로 대한 건가! 뭐가 됐든 그 친구 이야기를 끝까지 들어봐야겠어. 나 자신에 대해서도 뭔가를 알 수 있을지 모르지!

판단을 유보하는 것은 관계의 방향을 바꾸는 첫 단추다.

물리 세계의 관성의 법칙을 연구해보면 인간관계상의 변화를 꾀하는 데 도움이 된다. 알다시피, 관성의 법칙이란 물체가 원래의 움직임을 유지하려는 경향이 있음을 말한다.

어느 한 방향으로
회전하는 바퀴는

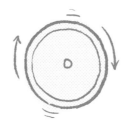

계속 그 방향을
유지하려고 한다.

반대 방향으로
회전하는 바퀴 역시

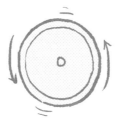

계속 그 방향으로
움직이려고 한다.

일단 바퀴가 돌아가고 있다면, 관성의 법칙에 따라 두 사람 중 어느 한 사람이 같은 방향으로 **살짝 밀어만 줘도 바퀴는 계속 돌 것**이다.

만약 두 사람 모두 같은 방향으로 계속 밀어 준다면 바퀴를 멈추기란 쉽지 않을 것이다.

인간관계 영역에도 **감정적 관성**의 법칙이라는 게 작용한다. 즉 어떤 감정적 상태를 계속 유지하려는 경향이 있다.

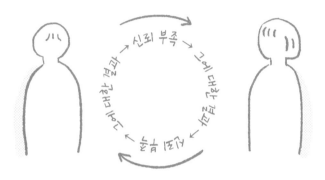

일단 어떤 감정 상태가 특정 방향으로 흘러가고 있다면 두 사람 중 한 사람이 '살짝 밀어만 줘도' 상황은 같은 방향으로 계속 흘러간다.

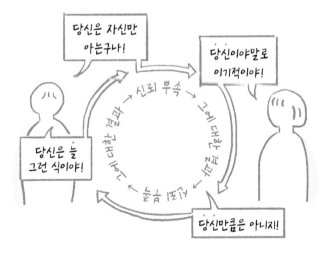

만약 두 사람 모두 부정적으로 흐르는 방향으로 계속 '민다면' 지금의 감정 흐름을 멈추기란 대단히 어려워지며, 흐름의 방향을 바꿀 가능성 또한 희박해진다.

부정적으로 흐르는 감정의 방향대로 밀지 않으려면 어떻게 해야 할까?

상대의 말과 행동에 대한 **판단을 유보**하고 **여하한 이유가 아니고서는 행동에 나서지 않겠다고 결단**해야 한다.

이렇게 한다면 어떤 의미에서 우리는 **밀지 않게 된다.** 감정의 방향을 바꾸지는 못하더라도 **적어도 속도를 늦출 수는** 있다. 그래서 나중에 방향을 바꿀 여지를 만들 수 있다.

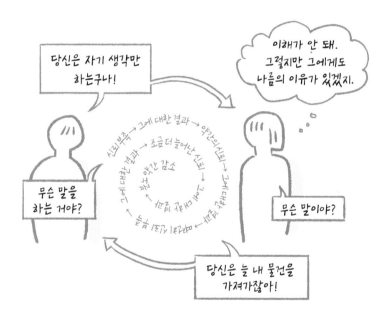

일단 판단을 유보하면, 상대방이 이를 알아차리고 반응을 달리한다. 그 결과 둘 사이의 분위기가 달라지고, 달라진 분위기는 점차 창조적인 관계로 가는 물꼬를 터준다.

정리하면,
신뢰한다는 것은
다음의 사실을 깨닫는다는 것을 의미한다.

1. 관계를 맺은 **두 당사자**에게는 본인들도 모르고 행하는 **무의식적인 패턴**이 존재한다.

2. 공격으로 느껴지는 상대의 말과 행동은 **감정을 드러냄으로써 자기 자신으로 존재하고자 하는 분투**인 경우가 많다.

3. 관계가 발전하려면 상대방이 '왜' 그런 감정을 느끼는지 **섣불리 판단하지 않으려는 의식적 노력**이 필요하다.

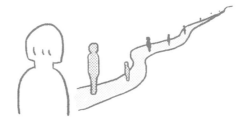

지금까지 인간관계 문제 해결을 위한 핵심 단계인 반사하기의 **세 가지 조건**(신뢰, 경청, 명료화) 중 신뢰에 대해 살펴보았다. 신뢰와 함께 상대를 '있는 그대로의 자신'으로 존재하게끔 해주는 **또 다른 조건**은 **경청**이다.

진정한 의미의 경청은 상대의 **감정**에 '주파수를 맞추는' 것이다. 마치 나와 상대의 마음속 소리굽쇠가 하나의 소리를 내는 것처럼 완벽히 조율된 상태가 되는 것이다.

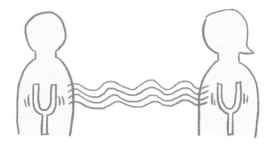

그때서야 비로소 상대의 생각뿐만 아니라 **감정도 듣게** 된다.

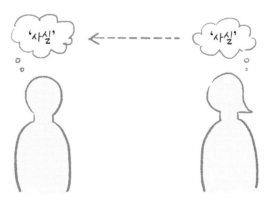

경청은 감정에 담긴 '더 깊은 의미'를 '들으려' 노력한다는 뜻이다. 몇 가지 예를 들면 다음과 같다.

우리는 '감정'보다는 '사실'에 귀기울이도록 길들여져 왔다.
그러나 인간은 본래 **입체 음향 시스템**으로 듣게 되어 있다.

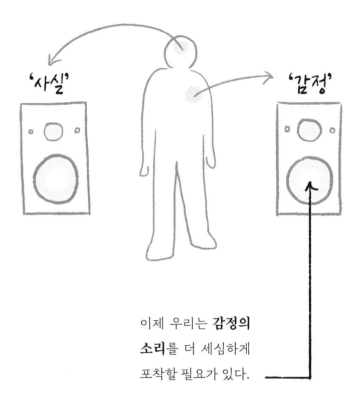

이제 우리는 **감정의 소리**를 더 세심하게 포착할 필요가 있다.

때때로 우리는 말투와 표정, 몸짓에 담긴 감정과 실제 입밖으로 나오는 말이 **정반대**인 경우를 목격한다.

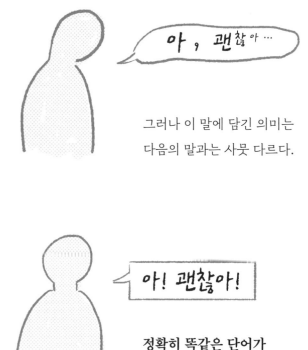

아, 괜찮아 …

그러나 이 말에 담긴 의미는
다음의 말과는 사뭇 다르다.

아! 괜찮아!

정확히 똑같은 단어가
사용됐지만 말이다.

아, 괜찮아…

첫 번째 말은 **두 개의 메시지**를 동시에 전달하고 있다.

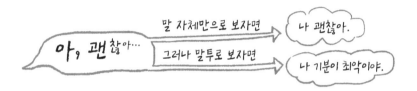

말에 담긴 이러한 이중 메시지는 상대가 얼마나 내 말을 귀 기울여 듣는가를 (아마 무의식중에) '점검'하는 역할을 한다. 다시 말해, 내가 하는 말에 **진정** 귀 기울일 정도로 깊은 관심을 쏟고 있는지 알아보는, 일종의 시험지가 되는 것이다.

감정에 담긴 메시지를 **귀담아 듣는** 사람은 **말하는 이의 존재**를 신경 쓰고 있는 사람임을 나타내며, 화자가 **온전히 자기 다울 수 있도록** 돕는 사람임을 말해준다.

대다수의 사람은 **감정 듣기**를 어려워한다.

안타깝게도 정규 교육
과정에서는 거의 이 부분만
집중적으로 가르친다.

이 부분에 대해서는
거의 가르치지 않는다.

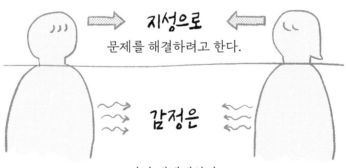

객관적 **사실** ⇨ 주관적 **감정**

그리고 우리는 배운 대로 충실하게

⇨ **지성으로** ⇦
문제를 해결하려고 한다.

〰 **감정은** 〰

거의 배제해왔다.

그러나 실질적으로 사실과 감정은 단칼에 분리할 수 있는 성질의 것이 아니다. 거세게 몰아치는 감정을 무시하면 **사실 자체를 전달하기도 점점 어려워진다.**

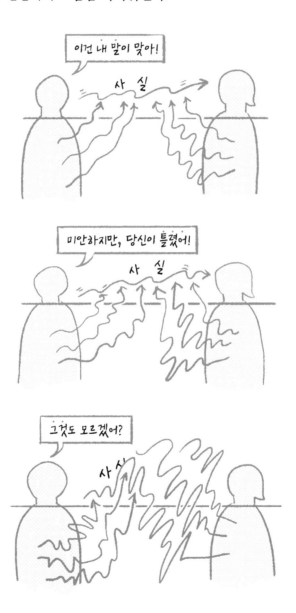

종종 사소해 보이는 문제를 두고 상당히 격렬한 **힘겨루기가**
벌어지기도 한다.

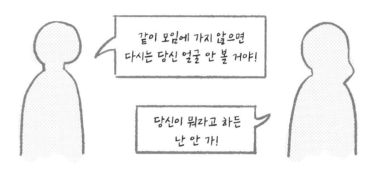

관계의 더 깊은 차원에서 본다면, 정말 중요한 것은 **행위가**
아니다. 그 행위가 상대방에게 가져오는 감정적인 의미다.

별것도 아닌 일로 벌어지는 논쟁에서 실제로 전달하고 싶은 진짜 메시지는 이런 것일지 모른다.

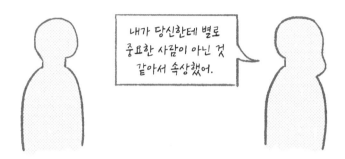

많은 논쟁에서 서로가 주고받는 공통의 메시지는,
(서로의 얘기를 제대로 듣는다면!)

"당신에게 중요한 사람이 되고 싶어."

바로 이거다.

힘을 겨루는 상황은 보통 다음과 같은 말로 끝난다.

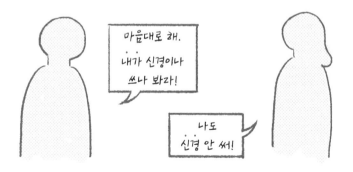

이렇듯 힘겨루기 상황에서조차도
우리는 **사실**이 아닌 **관계**에 관한 말을 주고받는다.

두 사람 모두 성장할 수 있는 창조적 인간관계를 원한다면

1. 상대방의 감정을
받아들이고

2. 받아들였다는 사실을
상대방에게 **알려야** 한다.

1. 상대방의 감정을 받아들이는 일은
  신뢰와
  경청을 통해서 일어난다.

2. 상대의 감정을 수용했음을 알리는 일은
  명료화를 통해서 일어난다.
  명료화는 듣는 이가 자신이 들은 내용이 맞는지 말한 이에게
  확인하고 제대로 이해했음을 드러내는 과정이다.

명료화는 무엇보다
듣는 사람에게 도움이 된다.

왜냐하면 말하는 사람이

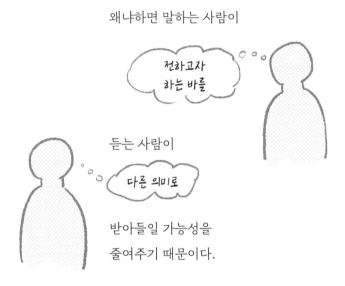

전화고자
하는 바를

듣는 사람이

다른 의미로

받아들일 가능성을
줄여주기 때문이다.

게다가 어떤 '사실'을 제대로 들었는지 확인하는 일은 서로
간 불필요한 오해를 사전에 막아주기도 한다.

하지만 무엇보다도,
명료화의 가장 큰 가치는
바로 이것이다.

상대방에게

'내가 당신의 애기를
귀기울여 듣고 있다'는 사실을
전달한다는 점이다.

우리는 흔히 상대의 말을 듣고

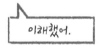

이해했어.

라고 응답하지만, 이런 말로는 부족하다.

**제대로 들었는지 상대에게 확인함으로써 내가 너의 말을
정말로 이해하고 있다는 사실을 보여줘야 한다.**

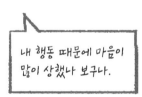

내 행동 때문에 마음이
많이 상했나 보구나.

그렇다면 상대의 얘기를 귀기울여 듣고 있음을 보여주려면 어떻게 해야 할까? 단순히 '사실이 전하는' 메시지에 주목해서는 안 된다.

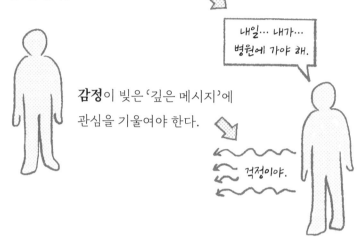

감정이 빚은 '깊은 메시지'에 관심을 기울여야 한다.

내일… 내가… 병원에 가야 해.

걱정이야.

상대가 격한 감정 상태에 있을 때는 사실이 전하는 메시지를 듣고 명료화해 봐야 별 의미가 없다.

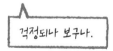

병원에 가야 한다고 했지?

반면, 인간이라는 어떤 **한 존재**에서 흘러나온 말을 명료화하면 놀랍도록 큰 효과를 볼 수 있다.

걱정되나 보구나.

따라서 **명료화란 감정으로부터 비롯된 깊은 메시지를 듣고 이를 상대방에게 확인함으로써 오롯이 이해했음을 나타내는 것이다.**

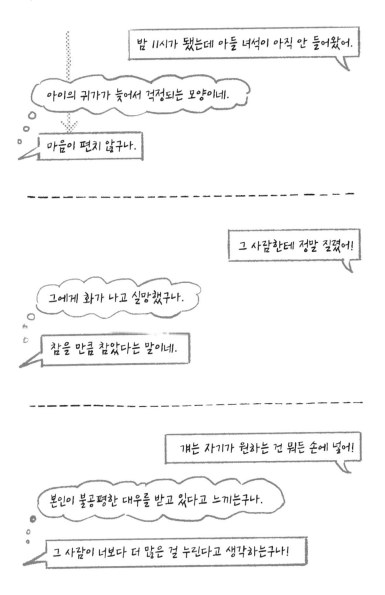

또 하루를 허비했어.

우울한가봐.

기분이 안 좋아 보이네.

― ― ― ― ― ― ― ― ― ― ― ―

당신이 하고 싶은 걸 할 시간은 있고 말이야!

나한테 화가 났구나.

내가 나한테만 시간을 쓰고, 당신한테는 안 쓴다고 느끼는구나.

명료화는 '당신 얘기에 동의한다'는 의미가 아니다.

"당신 얘기는 …라는 거지?"

이런 의미다.

여기서 주의할 점이 있다. 진심을 다해 들으려는 노력이 중요하다는 것을 기억해야 한다. 듣는 사람이 신뢰와 경청 없이 들은 말만 되풀이하는 '기술'을 쓴다면, 상대는 조종당했다고 느껴 분노할 것이다. 앵무새처럼 들은 그대로 말하지 말고 내가 이해한 말로 바꿔 말하라. 이렇게 할 때 상대는 '내 말을 제대로 이해했구나'라고 생각한다.

안타깝게도,

우리는 상대가 격한 감정 상태에 있을 때
이 상황을 다루는 최선책은

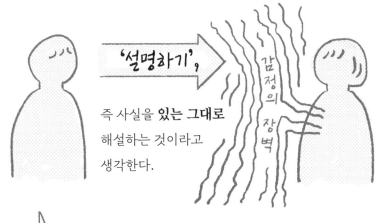

'설명하기',

즉 사실을 **있는 그대로**
해설하는 것이라고
생각한다.

감정의 장벽

완전히 잘못 알고 있네! 그건 말이야···

또는

내가 그렇게 한 이유는···

또는

넌 일단 가만히 있어 봐. 내가 얘기해 줄게.

또는

그렇지 않아! 어떻게 된 거냐면···

실제 인간관계에서는,

'설명하고 싶은' 우리의 자연스러운 욕구를 참아낼 때 비로소 대화가 시작된다.

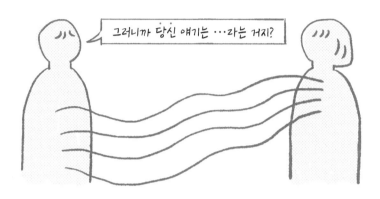

상대의 **감정을 이해했음을 표현하는 일**이 먼저다.

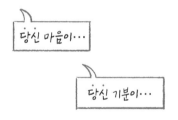

그런 뒤에야 상대방은
사실을 **들을 준비**가 된다.

듣기는 다음의 순서에 따라야 한다.

먼저: 감정의 이해
다음: 사실 자체

다음의 순서가 아니다.

먼저: 사실 자체
다음: 감정의 이해

감정과 사실 자체를
압력솥에
비유한다면,
감정은 증기,

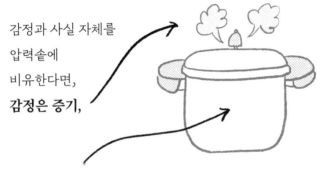

사실 자체는 솥 안에 든 음식이라고 할 수 있다.

그렇다면 압력솥 폭발 사고를 막는 법은 간단하다. 우선 감정적 '압력'을 낮춰야 한다. 감정적 압력을 낮추고 나서야 별 어려움 없이 압력솥을 열 수 있고 그때 비로소 사실 자체를 꺼내볼 수 있다.

(뒤에 대화 이어짐)

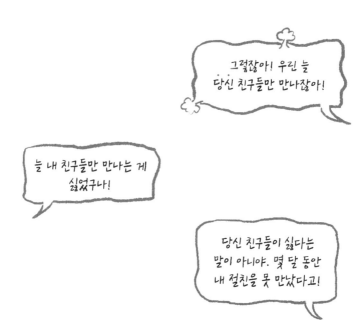

그럴잖아! 우린 늘 당신 친구들만 만나잖아!

늘 내 친구들만 만나는 게 싫었구나!

당신 친구들이 싫다는 말이 아니야. 몇 달 동안 내 절친을 못 만났다고!

이 시점의 대화를 보면, 감정적인 압력이 낮아짐으로 상대방이 갖고 있는 생각에 대해 어떻게 이해하고 있는지 표현함은 물론 본인의 욕구도 구체적으로 드러내고 있음을 알 수 있다. 이 지점까지 왔더라도 감정에 담긴 '깊은 의미'를 상대방에게 확인하는 일은 계속돼야 한다.

아, 당신의 베프인 민영 씨와 소정 씨가 보고 싶은 거구나!

(대화 이어짐)

맞아. 둘 다 보고 싶어.
내가 정말 좋아하는 친구잖아.

그래, 이번 주 계획을 바꿔서
당장 만날 수 있도록 해보자고.

그렇게까지 안 해도 되지만,
조만간 만나고 싶긴 해.

알았어. 그게 당신한테
그렇게 중요한 일인지 몰랐어!

나한테는 정말 중요해. 당신이
내 마음을 이해해줘서 기뻐.

이 사례에서처럼 감정적 압력이 빠르게 낮아지면 둘의 대화도 이에 맞춰 '감정'에서 '논리'로 빠르게 옮겨가면 좋겠지만 실제는 제각각이다. 처음에 갖고 있던 감정의 강도가 매우 강하다면 감정에서 논리로 접어드는 시간은 그만큼 더 오래 걸릴 것이다.

이런 까닭에 명료화 과정에서는 **상대방이 느끼는 감정을 나만의 언어로 최대한 정확하게 쉽게 표현하는 것**이 중요하다.

소위,
　　　질문…
　　　　　논평…
　　　　　　　설명 따위는

　　　　　　혼란만 야기하고

　　　　감정적 압력을 낮추는 시간만 늘린다.

> 너는 언제나 내가 멍청하다고 생각했지.

> 네가 얼마나 똑똑한지 말한 게 불과 지난주 같은데?

바로 이런 식의 질문이 소용없다는 것이다. 사실을 놓고 다투게 하고, 상대가 하는 말에 귀를 닫게 하며, '맞아, 그런데…' 식의 어투만 난무하게 할 뿐이다.

> 내가 너를 멍청이 취급한다고 느끼는구나.

이런 표현이야말로 상대의 감정을 읽었다는 사실을 드러내며 대화의 물꼬를 튼다.

내가 아무리 잘해 줘도 당신은 못된 말만 쏟아냈잖아!

잔소리만 그렇게 심하게 안했어도 안 그랬지.

이런 설명과 공격도
대화에 별 도움이 안된다.

당신은 내가 고마워할 줄 모르고 비난만 한다고 느끼는구나.

감정적 압력을 낮추는 응답 유형이다.

봐, 또 당신 방식대로 하고 있잖아!

무슨 소리야? 내 방식대로 한 적 한 번도 없어!

이런 설명은 사실 자체를 두고 재차 입씨름만
벌이게 하고 감정만 격화시킨다.

내가 당신을 배려하지 않는다고 느끼는구나.

반면 이런 말은 양편을 대화로 이끈다.

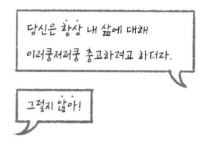

이런 식의 논평도 상대의 감정에 기름만 붓는 격이다. '사실'을 명료화하는 일은 나중에야 유용할지 몰라도, 대개 시비를 가려서 얻는 거라곤 상대의 마음을 상하게 하는 것밖에 없다.

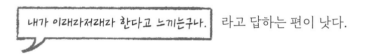 라고 답하는 편이 낫다.

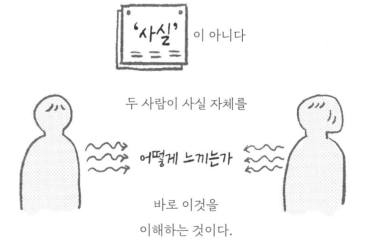

인간관계를 바꾸고 싶을 때
가장 중요한 것은

'사실' 이 아니다

두 사람이 사실 자체를

어떻게 느끼는가

바로 이것을
이해하는 것이다.

효과적인 듣기란
내가 상대방의 생각을
귀기울여 듣고 있다는 것을
보여주는 것이다.

그리고 이는 곧 사랑의 태도다.

사랑은, 다름 아니라
관심을 기울이는 것이다.

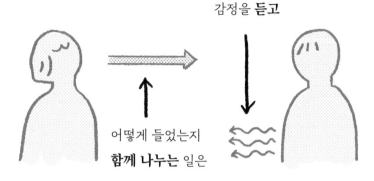

감정을 **듣고**

어떻게 들었는지
함께 나누는 일은

'저절로' 일어나지 않는다.

**내가 의지를 발휘해
실제 행동에 나서야**
성취할 수 있는 일이다.

혼자 속앓이를 하다가 용기를 내서
먼저 속마음을 내보인 이 사람처럼

**창조적으로
행동하기로
결심**해야 한다.

상대방의 감정을 귀담아 듣는 일과 마찬가지로 이해한 감정을 함께 나누는 일도 의지에서 비롯된 행위이다.

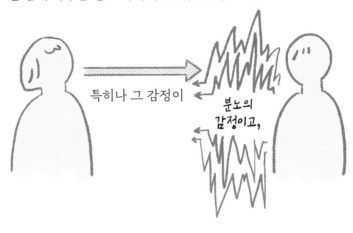

특히나 그 감정이 분노의 감정이고,

나를 향해 있을 때 더더욱 그렇다.

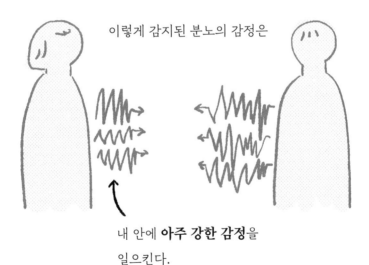

이렇게 감지된 분노의 감정은

내 안에 **아주 강한 감정**을 일으킨다.

다시 말해, 힘을 가진 사람이 나에게 화를 내고 **내 존재가 위협받던** 어린 시절의 상황과 기분을 '떠올리게' 한다.

창조적으로 행동하는 데 있어 내적 갈등을 겪는 상황은 보통 이렇게 전개된다.

알겠어! 네가 그런 식으로 말한다면.

와, 화가 치밀어 오르네. 나도 그에게 쏘아붙이고 싶어… 그런데 내가 느끼는 분노의 얼마만큼이 이 상황 때문일까? 어쩌면 그를 대할 때 내가 자동반응 했는지도 몰라. 그 또한 나에게 무의식적으로 반응하고 있었을지도 모르고… 뭐가 됐든 그는 자기가 옳고 공정하다고 믿고 있어. 그게 어떻게 가능하지… 내 마음 속 '아이'는 어쨌든 그에게 따끔하게 말하라고 부추기는데, '어른'스러운 자아는 그가 말하는 걸 들으라고 하네… 그는 나한테 화가 많이 난 것 같아. 그는 말로는 알겠다고 했지만 속은 부글부글 끓는 것 같아… 흠, 우리 중 누가 먼저 상대방에게 귀를 열어야겠지. 물론 내가 먼저 들어야지.

나한테 화가 많이 났구나!

(구체적인 말로 반응하기까지 실제 내적 갈등이 이렇게 세세하게 전개되지는 않을 것이다. 그러나 내적 갈등의 형태는 어느 경우에나 별반 다르지 않다.)

의지적 결단과 행동이 요구되는 순간은 단 한 번이 아니다. 관계를 창조적으로 끌고 가기 위해서는 여러 번 필요할 수 있다. 다음과 같이 상대가 공격적으로 나오는 경우가 **가장 어려운** 시험일 테지만 그때야말로 우리의 의지와 실천이 **가장 필요한 상황**이다.

그래, 나 화났어. 당신이 나한테 온갖 지저분한 일을 몰아줬잖아!

어떻게 그렇게 말할 수 있지? 난 그렇게 생각하지 않아… 화가 치밀어 오르네… 그는 진심으로 내가 틀렸다고 생각해. 설명하고 싶은데 그는 내 말을 들을 준비가 안 됐어… 일단 내가 본인의 마음을 이해한다는 걸 알아야 해.

내가 공평하지 않다고 생각해?

맞아! 당신은 자신한테 이득 되는 일만 신경 쓰잖아.

내가 얼마나 잘해줬는데!… 근데, 지금 중요한 건 '사실 자체'가 아니라 그의 마음을 이해하는 일 같네.

그러니까 당신 말은 내가 내 생각만 한다는 거잖아.

맞아! 난 당신을 참을 만큼 참아 줬어!

새삼 또 화가 나네… 하지만 그의 말을 들어보는 게 좋겠어.

나한테 정나미가 뚝 떨어졌다는 말 같네.

⋮

참고로, 보통은 **두 사람 중 한 사람**이 **경청**과 **명료화** 과정에 전념하는 것이 좋다. 적어도 5분에서 10분, 가능하면 1시간, 경우에 따라서는 너 오랜 시간 담당해도 좋다.

한 사람만 경청하기에 집중한다는 게 불공평해 보일 수 있지만, 결국 두 사람 모두에게 의사소통이 편해지는 결과를 낳는다. 양쪽의 **듣기 능력**은 **한쪽이 얘기하는 동안 다른 한쪽이 주의 깊게 들음으로써 모두 향상**된다.

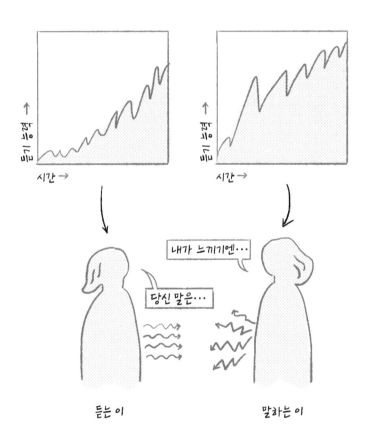

2부 나를 사랑하고 너를 사랑하는 방법

앞에서 하던 얘기를 이어보자.

상대의 감정을 귀담아듣고(경청),

이해한 바를 분명히 하기(명료화)란

상대가 나를

공격적으로 대할 때
정말 어려운 일이다.

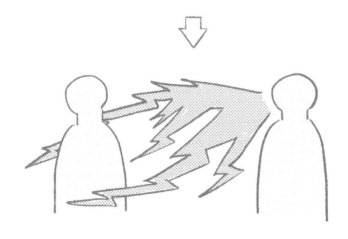

하지만 상대의 날카로운 공세에도

시시비비를 따지기보다는

이해하는 마음으로 듣는 태도를 보이는 것은

무엇보다 중요하다.

상대가 공격적으로 나올 때 내 쪽에서 **사실을 설명**하려고 하면 대화는 보통 다음과 같이 진행된다.

돈을 어떻게 쓰길래 매달 카드비를 못내!

참나, 난 당신과 달리 나 자신에게 돈을 써본 적이 없어!

뭐? 얼마 전에 산 패딩점퍼는 뭔데?

패딩점퍼가 아니라 레인코트거든! 4년 만에 산 거고!

2년 반 전에 파란색 재킷도 샀잖아!

자기도 얼마 전에 정장 한 벌 샀잖아, 당신도 돈 쓰잖아?

특별한 사정이 있으니까 샀지. 그거랑 이거랑 같아?

그다지 다른 것 같진 않은데!

내 말이 맞거든! 당신 기억 안 난다고 지금…

말이 오갈수록 분노도 점차 쌓여간다.

반면에,

상대가 공격적으로 나올 때 내 쪽에서 **상대방의 감정적 차원을 고려해 풀어나가면** 대화는 보통 다음과 같이 진행된다.

> 돈을 어떻게 쓰길래 매달 카드비를 못내!

> 당신은 내가 돈을 헤프게 쓴다고 생각하는구나.

여기서 주목할 것은 상대의 감정을 헤아리는 방식이다. 단순히 상대의 말을 앵무새처럼 되풀이하는 식이 아니다. 상대의 기분을 **이해**한 후 **자기만의 언어로 표현**하고 있다.

> 헤프게 쓰는 건 맞지! 얼마 전에 패딩 점퍼도 새로 샀잖아.

> 내가 생각 없이 돈을 쓴다고 생각하는구나.

공격적인 말에 설명을 늘어놓지 않고 상대의 감정에 집중하고 있다.

> 당신이 돈을 흥청망청 쓰는 데 질려버렸어.

> 나한테 참을 만큼 참았다는 말이구나.

여전히 상대방 감정에 집중하면서 대화를 이어가고 있다.

(뒤에 대화 이어짐)

잘 아네! 당신 아니면 이런 구질구질한 싸움을 왜 하겠어.

모든 게 내 잘못이라고 생각하는구나!

모든 게 당신 잘못이라는 말은 아니야. 나도 좀 성급하게 새 옷을 산 것 같긴 해.

당신에게도 어느 정도 책임이 있다고 느끼는구나.

당신만큼은 아니지만 뭐 일부는… 그나저나 지금 가장 중요한 건 다음 주까지 내야 하는 어마어마한 카드비를 어떡하느냐야.

대화에서 보듯, 내가 했던 말을 상대를 통해 다시 듣게 되면, 자신의 말을 돌아보게 되면서 나의 생각과 감정을 명료하게 정리할 수 있게 된다.

강조하지만, 상대의 감정을 분명히 하는 과정(명료화)은 '당신 의견에 동의한다'는 의미를 내포하지 않는다. 단지 **상대의 감정을 판단하지 않고 이해한다**'는 의미를 가질 뿐이다.

상대가 나를 공격적으로 대하면 소통은 삐걱댈 수밖에 없다. 또한 우울해하는 상대를 앞에 두고 그의 얘기를 명확히 정리하기란 결코 쉬운 게 아니다.

게다가 우리에게는 다른 사람이 그들 자신의 문제를 스스로 해결하도록 놔두기보다는 우리가 옳다고 생각하는 바를 얘기해서 그 사람을 **바꾸려는** 경향이 있다.

일례로, 슬픔을 겪는 사람을 만나는 경우 슬픔을 다루는 구체적인 도움을 주는 대신 그저 슬픔을 잊게 하려고 다음과 같은 말로 그의 태도와 인식을 바꾸려 든다. 그 결과 그를 **더 외롭게** 만들기도 한다.

'가르치고 싶은' 유혹을 물리치고 말없이 상대의 얘기에 귀 기울이면, 상대방은 '나를 믿어주는구나'라고 느끼면서 자기 안에 있는 힘을 깨달아 결국 문제를 해결해나간다.

다음의 대화는 해결책으로 이끄는 신뢰, 경청, 명료화의 유형을 잘 보여준다. 대화에서 알 수 있듯이 세 가지 개념을 잘 이해한 사람은 상대방에게 '답'을 주기보다는 듣기에 진중하고, 오직 상대를 '이해'하고 싶은 마음에 상대가 자기 감정을 말로 표출할 수 있도록 애쓴다.

다음 대화를 통해 다시금 깨닫는 사실이 있다. 상대방의 감정을 얼마나 이해하고 있느냐는, 들은 말을 얼마나 기계적으로 잘 되풀이하는가에 좌우되지 않고 상대방의 감정을 **나만의 언어**로 얼마나 잘 표현하는가로 결정된다는 사실이다.

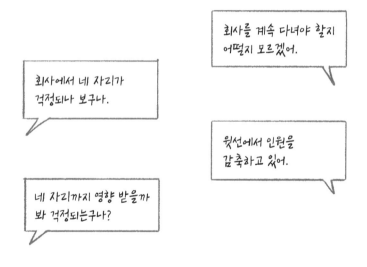

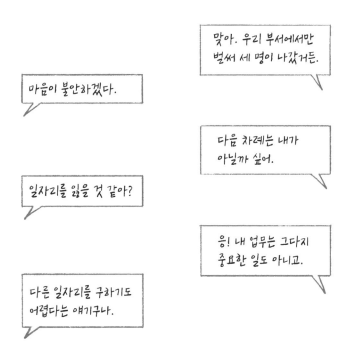

보기에 따라서는 이런 식의 응답이 격려나 실질적인 조언과는 거리가 멀고, 단지 상대에게 '부정적'인 생각만 부추기는 것처럼 여겨질 수 있다.

그러나 **어떤 경우**에는 불안하다는 생각이 들더라도 **이런 식의 응답을 이어갈 필요가 있다.** 특히 상대가 힘든 처지에 놓여 '누군가는 내 감정을 이해하고 받아들이는구나'라는 **정서적 지원을 필요로 할 경우** 더더욱 그렇다.

(뒤에 대화 이어짐)

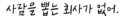
사람을 뽑는 회사가 없어.

상황이 절망적으로
느껴지나 보네.

이렇게 감정을 읽어 응답하면, 상대방은 본인의 말을 더 깊이 '듣기' 시작하면서 처한 상황을 정확히 인식하게 될 것이다. 그리고는 다음과 같이 신중한 태도로 처음에 가졌던 부정적인 생각을 천천히 줄여갈 것이다.

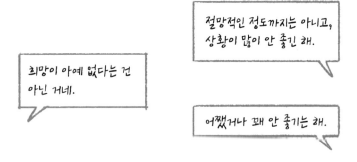
절망적인 정도까지는 아니고,
상황이 많이 안 좋긴 해.

희망이 아예 없다는 건
아닌 거네.

어쨌거나 꽤 안 좋기는 해.

상황을 제대로 보게 된 상대는 점차 해결책을 찾아갈 것이다.

다른 직무와 관련해 교육 받을 방법은 없어?

내가 이렇게 해결책을 제시한들, 상대가 '이 사람은 내 얘기를 귀담아들어'라고 느끼지 전까지는 별 도움이 안된다.

상대가 스스로의 감정에서 벗어나 다양한 선택지를 살펴보는 단계로까지 나아가게 하려면 그의 얘기를 듣고자 온 정성을 들여야 한다.

이걸 해보면 어떨까?

아님 저건?

아니면 다른 건?

이런 말을 조심스럽게 건네는 순간에조차 다음과 같이 말하고 싶은 우리 내면의 충동을 참아야 한다.

당신이 뭘 해야 하는지 내가 정확하게 말해 줄게!

이런 말은 듣는 상대로 하여금 '나는 문제를 해결할 능력이 없나봐'라는 자괴감을 느끼게 한다. 또한 추후 다른 문제가 생겼을 때 스스로 문제를 해결할 수 있다는 자신감을 잃게 만든다.

이와 달리 상대의 감정을 이해한다는 것을 보여주는 과정, 다시 말해 **명료화**는 상대가 존재하도록 돕는다.

식물이 존재하도록 하는 데
물을 주는 행위가
꼭 필요한 것처럼
말이다.

식물 세계에서 물 주는 행위와 마찬가지로 인간관계에서 **상대의 감정을 이해한다는 사실을 보여주는 명료화**는 그 사람이 존재하도록 돕는 행위다.

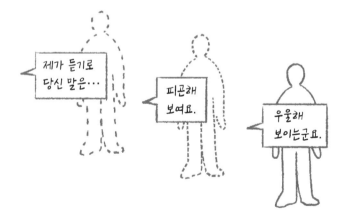

어린아이일 때를 생각해보자. 그때는 자기가 가치 있는 존재임을 계속 확인 받을 필요가 있다. 어릴 때는 다른 사람이 나에게 관심을 가져주는 것으로 자기 존재 가치를 확인한다.

필자가 하려는 말은 '그러니 항상 어린아이에게 관심을 기울이라'는 그런 의미가 아니다. **늘상** 아이에게만 신경이 가 있다면 **내** 존재의 일부를 포기해야 해서 도리어 아이에게 화가 날 수도 있다. 그렇다고 아이에게 관심 있는 척 위장하라는 의미도 아니다. 아이는 꾸며낸 애정을 금방 눈치 챈다. 차라리 다음과 같이 말하라.

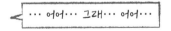

그리고 나중에 **온전**한 관심을 쏟아라. 그 편이 낫다.

짧은 시간이라도 온전한 관심을 기울이는 편이 긴 시간 절반의 관심만 기울이는 것보다 훨씬 낫다.

> ··· 어어··· 그래··· 어어···

이런 식의 응답은 관계에 도움이 되기는커녕 자녀와의 관계 또는 다른 성인과의 관계를 망칠 수도 있다.

이렇게 온전한 관심을 기울인 결과 어느 한쪽이 '나는 이해 받고 있다'는 것을 **아는 순간** 두 사람 사이에 새로운 분위기가 형성된다. 그때부터 소통이 시작되면서 주고받음을 **계속 이어 나가려는 경향**이 만들어진다. 앞에서 살펴본 '감정적 관성'의 법칙이 작동하는 것이다.

감정에 부정적 영향이 미치면 감정적 관성의 법칙에 따라 계 속 **부정적** 감정 상태를 유지하려고 한다.

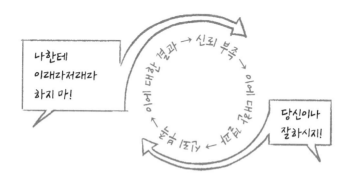

반대로, 감정에 긍정적 영향이 미치면 감정적 관성의 법칙에 따라 **긍정적** 감정 상태를 유지하려고 한다.

다시 말해, **신뢰**는 **신뢰**로 돌아온다.

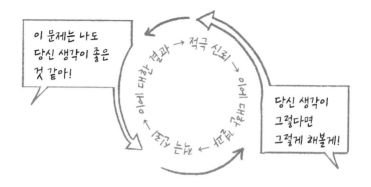

관계를 소중히 생각한다면 **감정에 휘둘려 행동하지 말고** 잠시 멈춰 상대의 말을 경청할 필요가 있다.

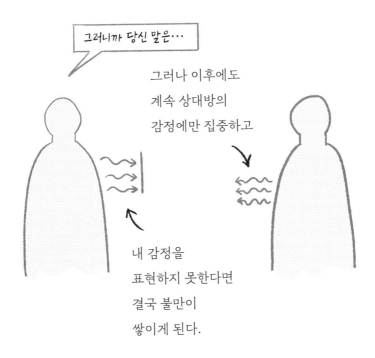

그러니까 당신 말은···

그러나 이후에도 계속 상대방의 감정에만 집중하고

내 감정을 표현하지 못한다면 결국 불만이 쌓이게 된다.

우리 모두에게는 자신의 감정을 토로할 곳이 있어야 한다. 내 감정을 들어줄 누군가가 반드시 있어야 한다.

나의 말과 감정을 들어주는 사람이 있어 우리는 통찰력, 힘, 용기를 얻는다. 그러나 안타깝게도 다른 사람의 말에 귀기울이는 사람은··· 매우 드물다.

이렇게 보면

듣는다는 것은
곧 치유하는 것이다.

신뢰, 경청, 명료화의 과정은 단순히 '기술'이 아니라 **보다 나은 관계를 위한 일종의 수단**이라는 사실을 아는 것이 중요하다.

이런 기분을 느끼고 싶은 사람은 아무도 없다.

누구나 무엇을 말해놓고 나면 상대가 내 말에 얼마나 집중했는지 알고 싶어 한다.

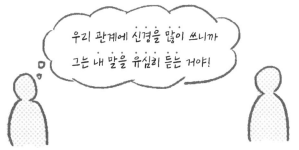

'**신경을 쓴다**'는 사실을 전달하는 유용한 표현은

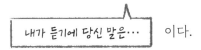 이다.

만일 듣는 사람이 대화 초반부터 이런 표현을 쓰면서 끝까지 성의 있게(기계적이 아니라!) 응답한다면, 양쪽 모두에게 좋은 쪽으로 관계 개선이 이뤄질 것이다.

지금까지 나눈 얘기를 정리해보자.

소통은 혼자 속앓이를 하면서도 신뢰, 경청, 명료화를 통해 '내가 당신을 신경 쓰고 있다'는 사실을 상대에게 보여주고자 할 때 이뤄진다.

신뢰는 상대가 왜 그런 감정을 갖게 됐는지 판단하지 않으려고 의식적으로 노력하는 것이다.

경청은 상대의 감정을 파악하려고 노력하는 것이다. 아리송하면 이렇게 말한다. "무슨 말인지 잘 모르겠어."

명료화는 상대의 감정을 묘사함으로써 그의 말 속에 숨은 깊은 의미를 선명히 드러내는 것이다. 이를 위해서는 최대한 정확히 묘사해야 하며 자기방어를 하거나 상대의 말에 토를 달아서는 안 된다. 다음과 같은 표현이 명료화에 도움이 된다. "당신이 느끼기엔…" "당신 기분이…" "그러니까 당신 말은…" 등.
반복하지만, 명료화는 당신 의견에 동의한다는 뜻이 아니다. 단지 상대의 감정을 판단하지 않고 이해한다는 의미다. 감정은 좋거나 나쁘거나 옳거나 그른 종류의 것이 아닌, 특정 순간 '갖게 된' 것일 뿐이다.

상대방이 '이 사람은 내 감정을 이해하는구나'라고 깨달을 때 두 사람 사이에 새로운 기류가 형성되고 소통이 시작된다.

5장

나를
보호하기

우리는 앞서 인간관계 문제를 해결하는 핵심 두 단계 중 첫 번째인 반사하기에 대해 살펴보았다. 이번 장에서는 나머지 핵심 단계인 보호하기를 다룬다.

창조적인 관계를 위한 6단계

1. 나와 상대방 모두 건강한 기본 욕구를 품고 있다고 믿는다.
2. 감정을 솔직하게 드러낼 수 있는 분위기를 만든다.
3. 상대가 말한 내용을 신뢰, 경청, 명료화를 통해 이해하고 공감한다.

4. 내 영역을 명확히 하고 굳건히 지킴으로써 나 자신을 보호한다.

5. 자아를 존중하며 대안을 모색한다.
6. 내 태도를 바꾸는 모험을 감행한다.

인간관계 문제를 해결하려면 반사하기와 함께 반드시 **보호하기**를 실천해야 한다.

상대의 감정을 신경 쓴다고 내 감정을 나몰라라 해서는 안 된다. 보호하기는 나의 감정을 돌보는 데 집중하는 것을 말한다.

모든 가까운 관계에서는 결국 의견이 부딪치는 순간이 온다. 서로 아무리 배려하고 관심을 쏟는다 해도 어떤 문제에 다다르면 관점의 충동을 피할 수가 없다. 가령 시간 사용, 소비 방식, 금전 관리, 성실함 등을 놓고 설전이 벌어지는 경우를 흔하게 본다. 이런 상황이 생기면 우리 내면에서는 무엇을 어떻게 하면 좋을지 갈등이 벌어진다.

소위 '관계를 위해서' 가끔은 상대방이 원하는 쪽으로 내가 맞춰줘야 하는 경우도 있을 것이다. 이렇게 하는 것이 최선책일 때가 있다. 하지만 내가 중요하다고 생각하는 무언가를 포기해야 하는 경우라면 그런 상황이 '부당'하게 느껴질 것이다. 그때 우리는 스스로에게 이렇게 물어야 한다. "어떻게 하면 나다움을 잃지 않으면서도 그와 좋은 관계를 유지할 수 있을까?"

한 가지 방법은, 인간관계 문제 해결에 필요한 반사하기와 보호하기 사이를 계속 오가며 실천하는 것이다.

보호하기는 상대방 감정 듣기에 쏟아온 나의 관심을 (일시적이나마) 거두는 일이기 때문에 지금의 관계에 (긍정적이든 부정적이든) 변화가 생길 수밖에 있다. 보호하기에 따른 부정적 변화를 막으려면 보호하기가 진정 무슨 의미인지, 어떻게 관계에 적용해야 하는지 제대로 알아야 한다.

핵심을 말하자면,

보호하기란
나 자신이 되고자 하는
용기를 갖는 것이다.

다시 말해,
'**나 자신**'을 사랑하는 것이다.

불행히도 사람들은
사랑한다는 말을

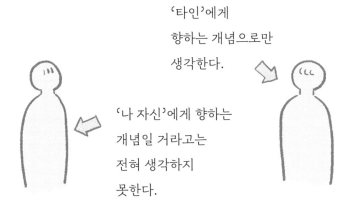

'타인'에게
향하는 개념으로만
생각한다.

'나 자신'에게 향하는
개념일 거라고는
전혀 생각하지
못한다.

그러나 **진정한 의미의 사랑**은
모든 사람의 '자아'를 존중하는 것이다.

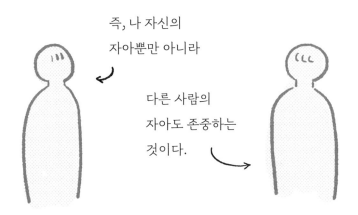

즉, 나 자신의
자아뿐만 아니라

다른 사람의
자아도 존중하는
것이다.

한마디로, **'자기 자신을 사랑하듯 타인을 사랑'**하는 것이다.

사랑을 '다른 사람이 원하는 것을 들어주는 것'이라고 생각하는가? 이런 생각은 상대방을 더 화나게 할 수 있다.

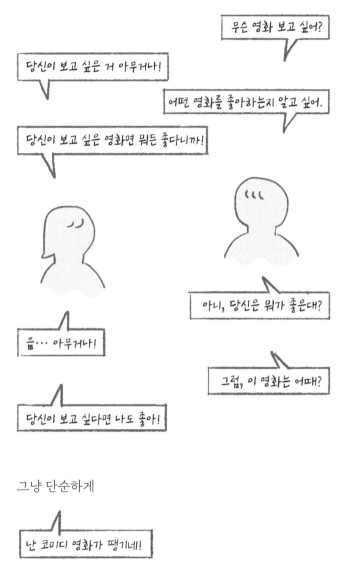

그냥 단순하게

난 코미디 영화가 땡기네!

라고 말하는 게 두 사람 모두에게 훨씬 좋은 응답이다.

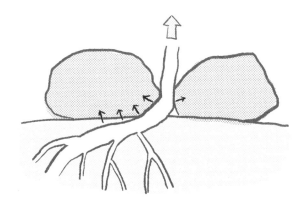

존재하기 위해 식물은 바위틈의 길을 찾아 비집고 올라온다. 식물다움을 지키면서도 자연과 융화하는 저들의 방식은 감탄스럽기만 하다. 인간 역시 **존재하기를 방해**하는 여러 바위로 둘러싸여 있다. 우리의 존재함이 주위 조건에 무너지지 않으려면 우리 또한 나무처럼 스스로를 보호하면서 방법을 찾을 필요가 있다. 그렇게 해야만 다른 사람과 관계를 맺고 꼬인 매듭을 풀어가는 데 창조적으로 행동할 수 있다.

독일의 신학자이자 철학자인 폴 틸리히Paul Tillich는 본인의 저서《존재의 용기The Courage to Be》에서 이렇게 말했다. "존재하고자 하는 용기는 인간이 본질적인 자기 확신과 충돌하는 존재의 요소를 가지고 있음에도 자기 존재를 확신하려는 윤리적 행위다."

인간은 물리적 몸을 갖고 있는 존재로, 몸의 면적만큼 지구의 일정 공간을 접하고 있다. 이때 차지한 공간은 어떤 면에서 '나의 것'이라고 말할 수 있다.

우리가
나의 것이라고
생각하는
이 몸이라는
'영역'은

몸 자체를 넘어
때로는 우리를 둘러싼
공기로까지 확장된다.
감기에 걸린 사람이
너무 가까이 다가오는
경우를 떠올리면
바로 이해가 갈 것이다.

우리가 '존재하는 일'은 모종의 나만의 영역을 보호하는 데 달려 있다. 단지 존재하기를 원한다고 해서 이를 두고 부정적 의미를 담아 이기적이라고 할 수는 없다. 사실 그렇게 존재하는 것이 우리 삶의 한 모습이다. 아니, 삶이다.

다음의 사례를 통해 존재하는 일과 나만의 영역을 보호하는 일의 관계에 대해 생각해보자.

한 친구와 함께 있는데 다른 친구에게서 전화가 왔다.

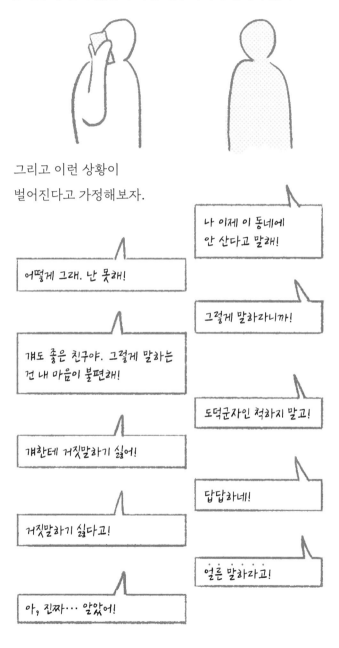

그리고 이런 상황이
벌어진다고 가정해보자.

나 이제 이 동네에
안 산다고 말해!

어떻게 그래. 난 못해!

그렇게 말하라니까!

걔도 좋은 친구야. 그렇게 말하는
건 내 마음이 불편해!

도덕군자인 척하지 말고!

걔한테 거짓말하기 싫어!

답답하네!

거짓말하기 싫다고!

얼른 말하라고!

아, 진짜… 알았어!

자, 두 친구 사이에 무슨 일이 벌어진 걸까. '여기 안 산다' 말 하라고 밀어붙이는 친구는 전화 받는 친구의 '감정 영역'을 침범했고,

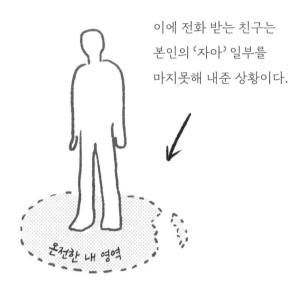

이에 전화 받는 친구는 본인의 '자아' 일부를 마지못해 내준 상황이다.

온전한 내 영역

설사 전화 받는 친구 스스로가 일이 이렇게 흘러가도록 허용했다손 치더라도 그로서는 물러터진 자기 자신과 밀어붙이던 친구를 향해 **원망의 마음**이 생길 것이다. 상대방 자아는 물론이고 나 자신의 자아 모두 존중하지 않으면 결국 양쪽 모두를 탓하는 마음이 들기 마련이다.

우리는 다양한 방식으로 우리 존재에 영향을 주는 여러 영역에 둘러싸여 있다.

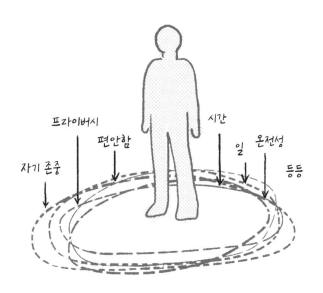

만약 누군가가 **강압적으로 내 영역을 침범**해 들어오면, **비록 내가 허락했더라도** 화가 난다. 그런 일이 일어나도록 허용한 내 자신이 싫어지는 동시에 나의 자아를 존중하지 않은 상대방을 향해서도 분노의 마음이 이는 것이다.

인간관계에서 '오해'가 생기는 이유가 바로 여기에 있다.

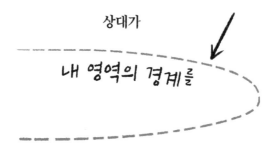

알고 있으리라 가정하기 때문이다.

하지만 **한 사람의 영역을 침범하는 행동**이 똑같은 상황에 처한 다른 사람에게는 **거의 영향을 미치지 않을 수도 있다.** 앞의 전화 받는 상황에서 동일한 침범을 받았더라도 누군가는 다음과 같이 흔쾌히 응답할 수 있다.

이렇듯 '영역'이 언제나 명확하지는 않기 때문에 우리는 각자

자기 영역을 책임지고
경계 지어야 한다.

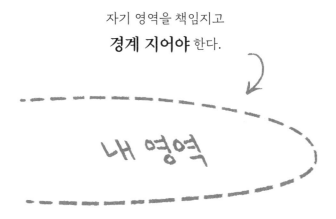

영역의 경계는
신체적이든 감정적이든 모두

'아야!'선에 따라 정해진다.

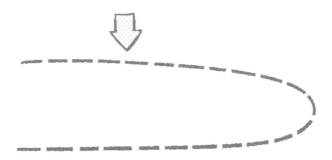

'내 영역'이란 다른 사람이 여기에 들어왔을 시 나에게 **계속** 고통을 주는 영역이다. 다시 말해 나의 존재가 영향을 받는 영역이다.

'아야!' 선의 위치는
영역 밖에 있는 사람 즉, 남이 아니라
영역 안에 있는 사람 즉, 나 자신이 결정한다.

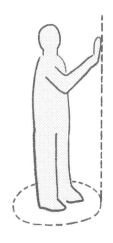

영역 밖의 사람은
누군가가 그어 놓은
영역의 경계를
단지 **짐작**할 수
있을 뿐이다.

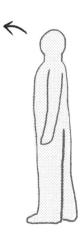

오직 영역 안의 사람만이 어느 지점에서 고통을 느끼는지 정확히 알 수 있다.

쉬운 예를 들어보자.

누군가가 발을 밟았다. 밟은 사람은 본인이 다른 사람의 발을 밟았다는 사실조차 모를 수 있고 알아도 상대가 얼마나 아픈지 짐작만 할 뿐이다. 그러나 밟힌 사람은 밟혔다는 인식과 함께 아픔의 정도를 알 수 있다. **영역을 침범 당한 사람만이 '아야!' 선의 정확한 위치를 알 수 있다**.

우리 대부분은 '신체'에 영향을 주는 사건은 다른 사람에게 별 어려움 없이 말한다. "너 내 발가락을 밟고 있어!" 이와 달리, '감정' 영역과 관련된 일에 대해서는 쉽사리 말을 꺼내지 못한다. 내 감정을 보호하는 행위는 친밀한 관계에서는 용납될 수 없다고 생각하기 때문이다. 이기적이고 무심한 행위라고 보는 것이다.

하지만

말없이 감정의 고통을 '참기로' 결정하는 것은 나 자신에게나 **상대방에게나** 잘못된 선택이다. 무작정 참는 것은 상대방이 이해하기 힘든, 관계의 '근본적' 문제를 야기하기 때문이다.

말없이 고통을 견디는 대신 '내 영역'(=당신이 그럴 때 난 상처를 받아)이 어디까지인지 **정확히 알려주는** 편이 관계에 훨씬 유익하다.

그렇다면 나의 감정적 '아야!'선을 상대방에게 어떤 식으로 알려줘야 할까? 다음의 말을 참조해보자.

> 음악 소리가 너무 커서 책 읽기가 힘든데
> 볼륨을 약간만 줄여 주시겠어요?

이런 표현도 있다.

> 그 사람과 저녁 시간을 보내기는 싫은데,
> 다른 사람한테 물어봐 줄 수 있어요?

이런 식도 가능하다.

> 미안하지만, 이건 아무에게도 빌려줄 수 없어요.
> 정말 특별한 사람한테 받은 선물이거든요.

이런 식은 어떨까.

> 지금으로서는 당신과 더 얘기할 수 없어요.
> 처리해야 할 일이 있거든요.

나의 '아야!'선을 넘어왔을 때 상대에게 "당신이 나의 '아야!'선을 넘었어요"라고 말하는 것이 잘못된 공손함으로 계속 관계를 이어나가는 것보다 월등히 낫다.

나의 영역을 분명히 밝힌다는 말은 단순히 **현재 나의 것이라고 할 만한 것을 설명한다**는 의미다. 흔히 사용하는 "지금 제 심정은…"과 같은 말이 나의 영역을 나타내는 표현에 해당된다.

이때 중요한 것은

나의 영역을 분명히 한다는 이유로

'상대방을 변화시키려고

해서는 안 된다'는

사실이다.

알다시피,
다음과 같이 말해봤자
문제는 해결되지 않는다.

이런 말은 대부분의 사람에게 나약하고 열등했던 어린 시절의 감정을 불러일으키고, 결국엔 '나도 힘 있는 사람이 돼야겠다'는 결심으로 이끈다.

그 결과 다음과 같은 대답이 돌아온다.

이 말은 다시
상대의 내면에 있는
열등의 감정을
자극하고

　힘을 되찾으려면 상대를 '깔아뭉갤' 필요가 있다고 생각하게
한다. 그래서 다음과 같은 말로 맞대응하게 한다.

그리고 다시
이 말은
상대의 열등감을
부채질한다.

　힘에 대한 갈망이 재점화되고… 상대의 열등감을 자극하는
말로 응수하고… 이와 같은 힘겨루기는 관계에 어떤 진전도
이루지 못하고 계속되며, 종국에는 피곤함과 피폐해진 감정만
남긴다.

이제, 상대를 바꾸려는 목적의

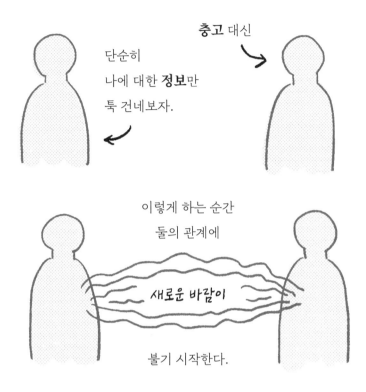

단순히
나에 대한 **정보**만
툭 건네보자.

충고 대신

이렇게 하는 순간
둘의 관계에

새로운 바람이

불기 시작한다.

왜냐하면
충고는 '당신은 **어린애야**'
(＝당신은 당신 삶을 이끌어갈 능력이 없어)라는 말로 들리지만

정보는 '당신은 **어른**이야'
(＝내가 준 정보를 참고해서 뭘 할지 선택할 권리는 당신한테 있어)라는
말로 들리기 때문이다.

다음과 같은 **충고**를 듣게 되면

대다수의 성인은 나약하고 열등했던 어린 시절의 기억이 떠올라 방어적이 되고 힘 있는 사람이 돼야 할 필요성을 느끼게 된다.

반대로, 단순히 **정보**를 듣게 되면

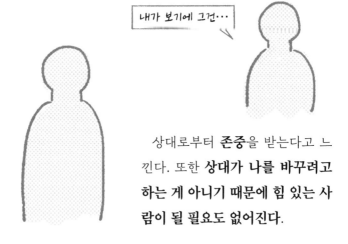

상대로부터 **존중**을 받는다고 느낀다. 또한 **상대가 나를 바꾸려고 하는 게 아니기 때문에 힘 있는 사람이 될 필요도 없어진다.**

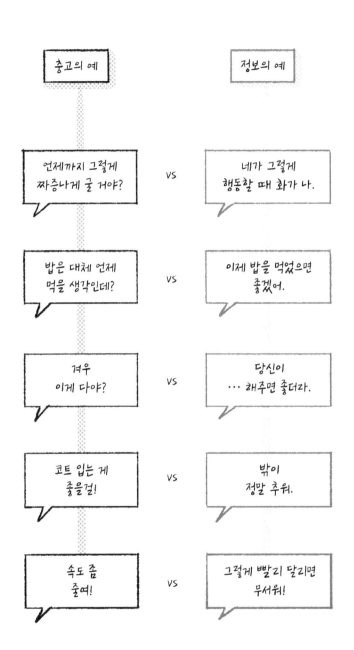

그러나 단순히 '정보만 주기'란 쉽지 않다.

특히 논리적으로 원인과 결과를 따지는 것이 관계를 개선하는 최선책이리고 믿는 이성적인 사람에게는 더더욱 어렵다.

의도와는 달리, 이성적인 사람이 자주 하는 다음과 같은 말은

난 단지 사실이 그렇다고 말하는 것뿐이야.

사실 감정적 결과를 가져온다.

저런 태도가 정말 화가 나.

정보를 효과적으로 전달하는 일은 사용하는 단어보다 **상대의 의견을 듣겠다는 열린 마음**이 훨씬 더 중요하다.

듣는 사람은 상대의 말이 객관적 정보에 불과한지 나의 생각을 바꾸려는 강압적 시도인지 정확하게 분별한다. 상대가 거만한 태도로 자기를 대한다고 판단했을 때 흔히 사람들은 그와의 관계를 조용히 차단해버린다.

한편, 상대의 말에 어떻게 반응해야 '올바르게 행동하는' 사람이 되는지에 대해 깊이 생각할 때 오히려 문제가 발생하기도 한다. 이럴 때는 바로 응답하지 말고 다음날(혹은 더 훗날!)로 미루는 것이 좋다.

그렇다면 내 영역을 상대에게 알려주고 싶을 때 어떻게 해야할까? 앞의 전화 통화 사례를 통해 건전한 방식에 대해 생각해 보자.

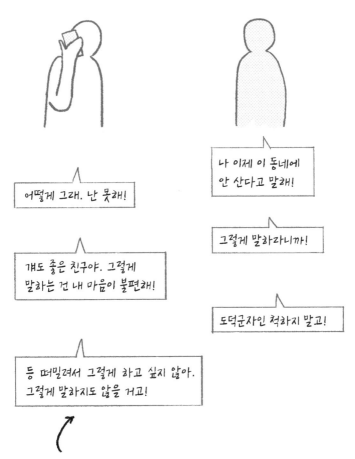

위의 응답을 잘 보자. 그는 **자신의 입장을 밝혔을 뿐** 상처주는 말로 상대를 공격하지 않았다. 이를테면 "난 적어도 **너같은 위선자는 아니야!**" 식의 말로 응대하지 않았다. 이 점이 중요하다.

(뒤에 대화 이어짐)

> 답답하네!

> 너희 둘이 그렇게 된 건 내 책임이 아니잖아!

다시 한번 영역을 인지시켜 준다.

> 이봐, 이게 어려운 일이냐고!

> 말했잖아, 등 떠밀려서 억지로 하기 싫다고.
> 마지막으로 말하는 거야!

방어하되 공격하지는 않는다.

> 알았어, 알았다고!

이런 식의 내 영역 말하기는 일시적으로 관계를 불편하게 할 수도 있지만 대개 진솔한 태도는 상호 존중을 불러온다.

실제로, **꾸밈없는 화법**은 다음과 같이 **관계를 더 단단하게 만들어줄 수도 있다.**

> 너라면 솔직하게 말해줄 것 같아.
> 걔랑 내 관계에 대해 어떻게 생각해?

둘 중 한 사람이 잠자코 져주기만 해야 한다면 진실한 관계란 있을 수 없다. 피상적 관계로만 남을 뿐이다.

내 감정을 분명히 밝혔을 때
때로 상대가 다음과 같이 반응할 수도 있다.

당신이 상처받든 말든 내가 무슨 상관이야!

여기서 우리는 한 가지 현실적인 의문과 맞닥뜨린다.

**내가 '아야!'선을
분명히 밝혔는데도
상대가 무시하고 넘어오면
어떻게 해야 할까?**

그때는

몇 가지 가능한 상황을 예로 들면서 각각의 경우

내가 어떻게 할 것인지 조용히 얘기함으로써

스스로를 **방어**하면 된다.

> 만약 당신이 그렇게 하면
> 나는 …할 것이고,
> 만약 당신이 그렇게 하지 않으면
> 나는 …할 거야.

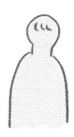

이것은 상대를 **위협하는 말이 아니다.**

> 당신이 생각을 바꾸지 않으면 나는…

징징거림도 아니다.

> 나 좀 도와주면 안 될까?

'**나**'라는 사람에 대한 **정보**일 뿐이다

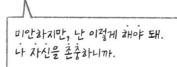

> 미안하지만, 난 이렇게 해야 돼.
> 나 자신을 존중하니까.

스스로를 방어하는 응답의 예를 살펴보자.

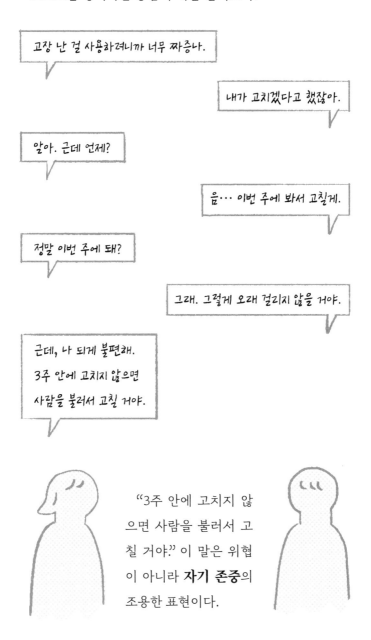

고장 난 걸 사용하려니까 너무 짜증나.

내가 고치겠다고 했잖아.

알아. 근데 언제?

음… 이번 주에 봐서 고칠게.

정말 이번 주에 돼?

그래. 그렇게 오래 걸리지 않을 거야.

근데, 나 되게 불편해.
3주 안에 고치지 않으면
사람을 불러서 고칠 거야.

"3주 안에 고치지 않으면 사람을 불러서 고칠 거야." 이 말은 위협이 아니라 **자기 존중**의 조용한 표현이다.

나 자신을 방어한다는 말은

신을 넘는 상대의 대응에
적절한 조치를 취한다는 의미이자

"…할 시 …하겠다"고 한 말을 그대로 행동에 옮김으로써
내 말에 책임을 진다는 의미다.

> 이거 고치려고 오늘 사람을 불렀어.

> 제정신이야? 3주 전에
> 내가 고치겠다고 말했잖아!!

> 당신이 손수 고치고 싶어 했다는 건 알지만
> 나 자신도 굴요하잖아.
> 난 고장 난 걸 더는 쓰고 싶지 않아.

이건 상대에 대한 공격이 아니라
'내 영역을 보호'하는 행동일 따름이다.

상대에게 계속 져주다 보면 내 영역이 너무 작아져서 거의 남지 않게 될 수도 있다.

이렇게 되도록 마냥 내버려두면 상대방은 내가 져주는 것을 '당연'하게 받아들이게 되고, 결국 나에게는 상대를 원망하는 마음만 남을 수 있다.

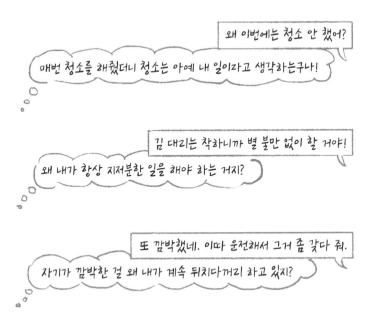

침범당한 내 영역을 한 번에 되찾겠다고 상대에게 달려들어서는 안 된다. **서서히** 영역을 되찾는 것이 나에게나 상대에게 더 좋다. **비교적 작은 영역**부터 되찾기를 권한다.

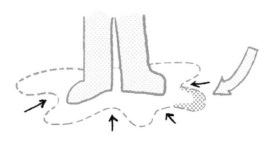

서두르지 않는 이런 노력은 점차 '나는 가치 있는 사람'이라는 자신감을 갖게 해준다. 물론 내 영역을 되찾으려는 시도를 하면 내가 그러리라고 예상 못했던 사람들이 화를 낼 것이다. 하지만 타인의 분노는 각오해야 한다. 이 상황을 만든 건 바로 나니까! 어쨌거나 나 자신을 포함해 모든 사람이 새로운 상황에 적응하도록 영역 되찾기는 **완만**하게, **점진적**으로 진행돼야 한다.

자아를 회복하는 일은 다음과 같은 말로 촉발되곤 한다.

> 이번엔 나 말고 다른 사람이 청소할 차례야.

> 나도 그 일은 하기 싫어.

> 또 한 번 깜박하면 당신이 직접 가져와야 할 거야.

정리하면,
존재하려는 용기를 갖는다는 말은
나의 영역을 **명확히 정하고**, 필요하면 **방어한다**는 의미다.
결코 상대방에게 무엇을 하라고 요구하는 것을
의미하지 **않는다**.

존재하려는 용기를 갖는다는 말은
다음과 같이 하는 것이다.

1. 내가 느끼는 감정을 표현한다.

2. 필요하면, 내가 앞으로
어떻게 행동할지 상대에게
조용히 알린다.

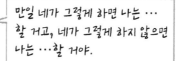

3. 실제로 적절한 조치를 취한다.

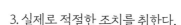

역설적이게도,

나 자신을 사랑하면
다른 사람을 마음껏 사랑할 수 있게 되고
다른 사람도 나를 더 쉽게 사랑할 수 있게 된다.

나의 영역을 규정하고 방어하는 일에 소홀하면 다시 말해, 스스로 자신의 자아를 책임지지 않으면 '사랑의 결핍'을 느끼게 되고, 응당 받아야 한다고 생각하는 내 몫의 사랑을 얻고자 다른 사람을 조종하기에 이를 수 있다.

이와 달리,

내가 내 욕구를 스스로 책임지게 되면 상대방은 다른 사람을 도와줘야 한다는 의무감에서 벗어나 남에게 무언가를 주는 순수한 기쁨을 경험하게 된다.

자유롭게 줄 수 있을 때 사랑은 움튼다.

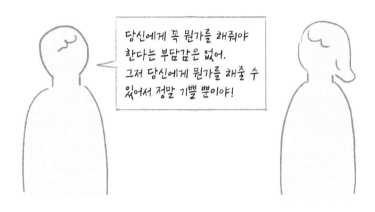

나 자신을 사랑하면
다른 사람을 마음껏 사랑할 수 있게 되고
다른 사람도 나를 더 쉽게 사랑할 수 있게 된다.

3부

사람 사이
진정한 관계

6장

서로에게
무해한 길
찾기

우리는 앞서 창조적인 관계를 위한 6단계 중 네 번째까지 살펴보았다. 이번 장에서는 다섯 번째 단계에 대해 생각해본다.

창조적인 관계를 위한 6단계

1. 나와 상대방 모두 건강한 기본 욕구를 품고 있다고 믿는다.
2. 감정을 솔직하게 드러낼 수 있는 분위기를 만든다.
3. 상대가 말한 내용을 신뢰, 경청, 명료화를 통해 이해하고 공감한다.
4. 내 영역을 명확히 하고 굳건히 지킴으로써 나 자신을 보호한다.

5. 자아를 존중하며 대안을 모색한다.

6. 내 태도를 바꾸는 모험을 감행한다.

서로간 힘을 겨루는 상황에서도
창조적으로 행동하려면
이 단계로 나아가야 한다.

**자아를 존중하며
대안을 모색하라.**

자아를 존중하며 대안을 모색한다는 말은

다양한 해결책 가운데

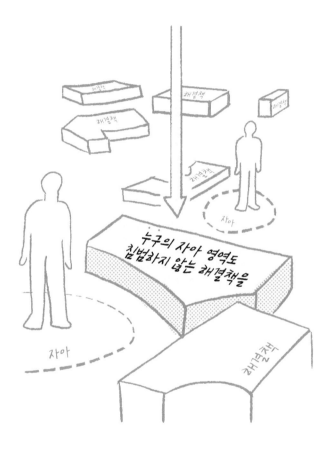

찾아내는 것을 의미한다.

일반적으로 힘겨루기는
어떤 문제와 그 문제에 대한 해결책이
각자에게 갖는 **의미**를 두고 일어난다.

만약

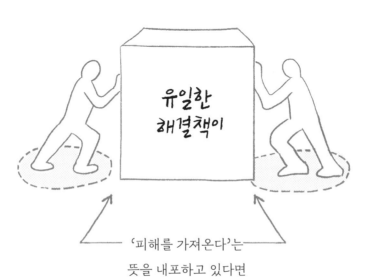

'피해를 가져온다'는
뜻을 내포하고 있다면
우리는 자기 보호에 모든 관심을 쏟을 것이고
그 밖의 다른 건 안중에도 없을 것이다.
다시 말해, 모두의 자아 영역을 존중하며
대안을 찾기가 힘들어질 것이다.

각 사람이 갖고 있는 **의미 체계**는 인간관계에 어떤 영향을 줄까? 잘 알려진 그림을 통해 각자가 가진 관점이 어떻게 인식을 결정하는지 살펴보자.

만약 위의 그림을 '꽃병'으로 보면 선의 형태는 꽃병의 윤곽이라는 특정 의미를 지닌다.

반면, 이 그림에 '두 사람의 옆얼굴'이라는 의미를 부여하면 똑같은 선의 형태가 아주 다르게 보인다.

이렇듯 사물에 어떤 **의미**를 부여하느냐에 따라 **보는 방식**도 달라진다.

세 사람이 빈 들판을 바라보고 있다고 해보자.

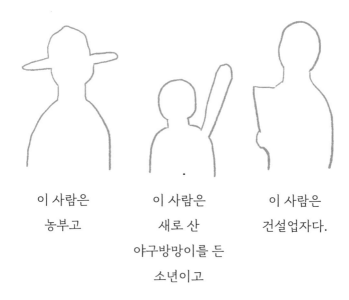

이 사람은
농부고

이 사람은
새로 산
야구방망이를 든
소년이고

이 사람은
건설업자다.

이들 셋이 바라보는 들판은 과연 똑같은 모습일까. 직업과 관심이 다른 만큼 똑같은 들판을 보면서도 서로 다른 방식으로 감상할 것이다. 각자가 가진 의미 체계가 세부적인 것을 결정 짓는 법이다.

의미 체계가 사물의 세부 사항을 결정하듯이,
인간관계에 부여하는 지배적인 의미가 행동을 결정 짓는다.

어떤 사람에게 인간관계가 **자기 보호**를 의미한다면
그의 말과 행동은 자기 보호에 '맞춰질' 것이다.

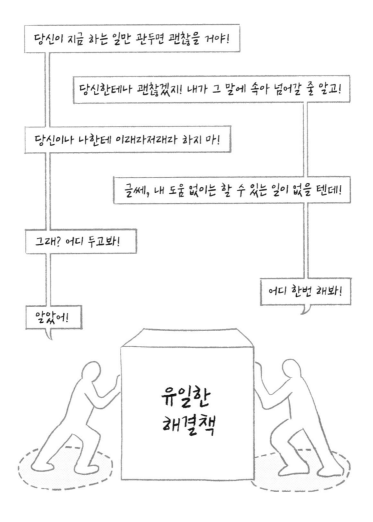

이와 달리,

어떤 사람에게 인간관계의 의미가 **'자아를 존중하며 대안을 찾는'** 것이라면 그의 말과 행동은 이 의미에 맞춰질 테고, 하나의 해결책에만 매달리지 않고 가능한 다른 해결책도 찾아볼 것이다.

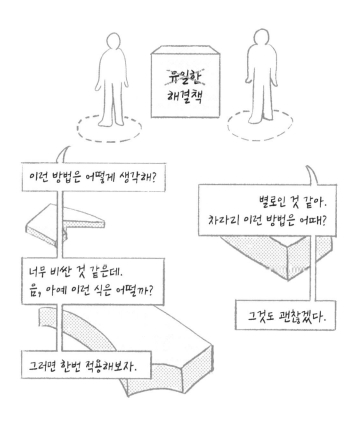

우리는 **어떤 사물에 두 가지 의미를 동시에 부여할 수 없다.** 인간이라는 존재의 마음이 그런 식으로 작동하지 않는다. 우리는 한 번에 하나씩 연결한다.

앞에서 살펴봤듯이, 이 그림에서 꽃병 아니면 두 사람의 옆얼굴 둘 중 하나를 볼 뿐 동시에 둘 다를 보지는 못한다.

그래도 위의 그림을 보는 지배적인 관점을 바꾸는 일은 그다지 어려운 일이 아니다. 꽃병으로 보는 사람에게 옆얼굴로도 볼 수 있다고 설명하면 그렇구나 하면서 순순히 새로운 관점을 받아들인다. 그리고는 곧이어 그림의 세부 요인에 완전히 다른 의미를 부여한다.

그러나 인간관계에 대한 한 사람의 지배적인 관점을 바꾸기란 그림을 보는 관점 바꾸기와는 비교할 수 없을 정도로 어렵다. 관계에서 상대를 바라보는 관점이 일단 자리 잡으면 어떤 경우에도 쉽게 바뀌지 않는다. 상대를 만날 때마다 오히려 기존의 인상이 (부정적이든 긍정적이든) 강화되기 십상이다.

그래서 우리는 이런 상황을 흔히 겪는다.

인간은 어떤 사물을 보면서 두 가지 의미를 동시에 떠올릴 수 없다고 얘기한 바 있다. 그렇다면 내면에서 **거센 감정**이 소용돌이칠 때 왜 '감정'에서 벗어나 '논리'에 주목하기가 그토록 불가능한지도 이해가 갈 것이다. 이때 우리는 감정과 논리라는 두 개의 축 중에서 역시 하나만을 선택할 수밖에 없다. 감정적이면서 동시에 논리적일 수 없는 것이다. 관심이 온통 감정에 쏠려 있는 상태에서 논리가 끼어들 틈은 없다. 반대로 논리에 온통 사로잡혀 있을 때 감정에 주의를 기울이기란 거의 불가능하다.

그러나 둘 중 누구라도

입씨름을 멈추고

신뢰,
경청,
명료화를 통해

상대의 감정을 먼저 헤아리면서 배려해준다면
관심의 초점을 다른 의미 체계로
보다 쉽게 옮겨갈 수 있다.

일반적으로,
대안을 모색하거나
사실 자체를 규명하는 단계는 이렇게
상대방이 자신의 이야기를 분명히 전달하고
이해받았다고 느낀 다음에라야 가능하다.

양쪽 모두의 자아를 살피면서 대안을 찾을 때 해결책에 다가갈 수 있으며 서로 계속해서 정보를 주고받을 수 있다.

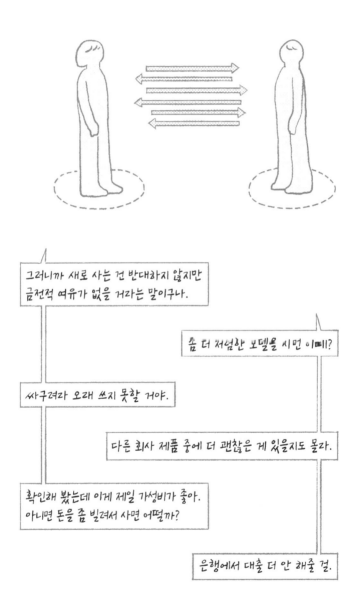

때로는 정보를 주고받는 과정에서 **감정적 문제가 생겨 정보 교환에 장애가 생기기도** 한다.

그럴 때는 사실 자체를 꺼내기 전에 다시 상대의 감정을 헤아리면서 신뢰, 경청, 명료화에 집중할 필요가 있다. 경우에 따라서는 이 과정을 여러 번 반복해야 할 수도 있다.

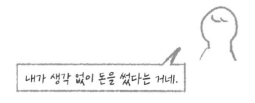

(뒤에 대화 이어짐)

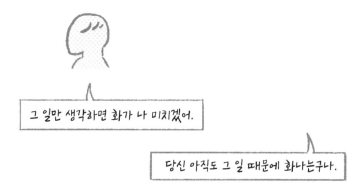

일단 상대방의 감정을 '듣고 이해'하면, 사실 자체를 두고 대화를 나눌 수 있는 길이 보인다.

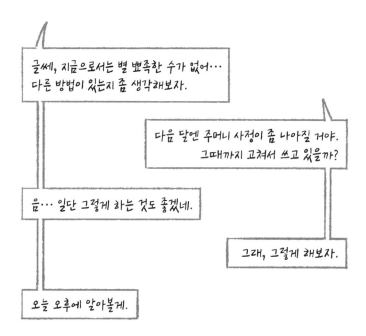

다음 질문이 중심을 잃지 않고 해결책을 찾는 데 도움이 될 것이다. 각자 고민하는 문제가 다른 만큼 어떤 질문은 답이 명확하고 어떤 질문은 깊이 고민해야 답이 나올 것이다.

아래의 질문을 통과해야 하는 시험 문항으로 생각하지 말고 체크 리스트 정도로 활용하길 권한다.

체크 리스트 10

---

1. 해결해야 할 문제가 정확히 **무엇**인가?
2. **언제**까지 해결해야 하는가?
3. 최종 결정을 내리기 전 **시간**을 좀 더 벌 수 있는가?
4. 해결책을 찾는 데 감당해야 할 **제한 조건**이 있는가? 이 제한 조건은 바꿀 수 없는 것인가? 비용이 들더라도 제한 조건 중 바꿀 수 있는 것이 있는가?
5. 이 문제가 **각자**에게 어떤 **의미**가 있는지 서로 명확히 알고 있는가?
6. **특정 해결책**을 고집하는 것이 해야 하는 일보다 더 중요한가?
7. 문제를 해결하는 데 도움이 되는 **자원**이 있는가?
8. 지금껏 **시도해보지 않은 새로운 해결 방안**도 받아들일 마음이 있는가?
9. **다음 할 일**은 무엇인가?
10. 선택한 해결 방안이 감정적으로, 정신적으로 괜찮은지 **나 자신**에게 적용해 확인해봤는가?

---

* 체크 리스트 10에 대한 자세한 설명은 10장(236쪽)에 있다.

지금까지 살펴본 내용을 핵심 개념으로 요약해보자. '창조적인 관계를 위한 6단계'를 주요 개념으로 풀어 정리했다고 보면 된다.

1. **깨닫기**: 모든 감정은 받아들여질 수 있음을 인식하기. 그렇다고 모든 행동이 수용되는 것은 아니다.

2. **신뢰하기**: 판단을 유보하려고 의식적으로 노력하기. 나의 생각을 강요하지 않는다.

3. **경청하기**: 상대방의 감정을 들으려고 노력하기.

4. **명료화하기**: 상대방에게 '내가 당신의 감정을 이해하고 있다'는 사실을 분명히 전달함으로써 듣겠다는 의지를 보여주기. 사실 자체를 따지는 일은 그 후에 이뤄질 일이다.

5. **경계 정하기**: 나의 감정을 상대방에게 알려줌으로써 내 영역 분명히 밝히기.

6. **보호하기**: 상대방에게 내가 어떤 선택을 할지 조용히 알리고 필요한 경우 행동에 옮김으로써 나의 영역 방어하기.

7. **대안 찾기**: 자아를 존중하면서 가능한 다른 해결책 찾아보기.

8. **모험 감행하기**: 변화를 기꺼이 받아들이려는 의지 발휘하기. 일반적으로 앞의 7개 개념은 순서대로 진행되지만, 모험 감행하기는 전체 과정의 일부로서 대개 어느 지점에서나 유용하다.

7장

**나부터
무장해제 하는
용기**

이번 장에서는 여섯 번째 단계에 대해 생각해본다.

창조적인 관계를 위한 6단계

1. 나와 상대방 모두 건강한 기본 욕구를 품고 있다고 믿는다.
2. 감정을 솔직하게 드러낼 수 있는 분위기를 만든다.
3. 상대가 말한 내용을 신뢰, 경청, 명료화를 통해 이해하고
   공감한다.
4. 내 영역을 명확히 하고 굳건히 지킴으로써 나 자신을
   보호한다.
5. 자아를 존중하며 대안을 모색한다.

6. 내 태도를 바꾸는 모험을 감행한다.

관계를 맺는 모든 사람이 자아를 존중하면서 상대와 더불어 흔쾌히 대안을 모색한다면 얼마나 좋겠는가. 그러나 이것은 그야말로 바람일 뿐 현실에서는 함께 대안을 찾을 의향이 없거나 심지어 반감을 나타내는 상대방으로 인해 갈등을 겪는 경우가 부지기수다.

상대방이
협조할 생각이 없는 경우
나는 어떻게 해야 할까?

그럴 때는 이렇게 해야 한다.

**내 태도를
고집하지 말고
바꾸려는 모험을
감행할 것.**

사람은 누구나
익숙한 데서 **안정감**을 느끼고,
이상하거나 **낯선 것**을 접하면
불안감을 느낀다.

늘 해왔던 방식대로 하면 편하기야 하겠지만
창조적으로 행동하는 데는 걸림돌인 경우가 많다.

그러나

어쩔 수없이
성장은
위험을 수반한다.

폴라로이드 카메라를 만든
에드윈 랜드Edwin H. Land는 이렇게 말했다.
"창의성의 핵심은 실패를 두려워하지 않는 것이다."

창조적인 관계를 원한다면 위험을 무릅써야 한다.

그렇다면 상대가 나에게 비협조적으로 나오는 이유는 무엇일까? 두 가지가 있다.

첫 번째 이유. 우리 각자가 **자기 자신을 있는 그대로 보려는 모험**을 하려 들지 않기 때문이다.

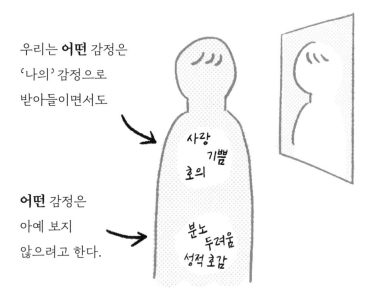

우리는 **어떤** 감정은
'나의' 감정으로
받아들이면서도

어떤 감정은
아예 보지
않으려고 한다.

분노, 두려움, 성적 호감 등의 감정을 느끼는 것 자체가
나쁜 사람 내지
받아들이기 힘든 사람임을
의미한다고 보기 때문이다.

그러나 감정을 숨기려 드는 사람은 '방어적'이라는 인상을 주며 다른 사람과의 관계에서 신뢰감을 주기 힘들다.

우리는 **감정을 외면하고 숨기는 말**이 어떤 식인지 익히 알고 있다. 다음은 전형적인 '방어의 말'을 보여준다.

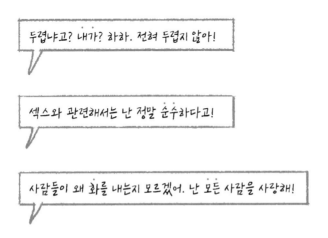

두렵냐고? 내가? 하하. 전혀 두렵지 않아!

섹스와 관련해서는 난 정말 순수하다고!

사람들이 왜 화를 내는지 모르겠어. 난 모든 사람을 사랑해!

이렇게 자기 감정을 끊임없이 부인하다 보면, 어떤 감정을 갖고 있으면서도 이 감정을 **의식**하지 못하게 되는 수가 있다.

반면, 자기 자신과 자기 감정을 있는 그대로 받아들이는 사람은 그런 열린 태도 때문에 상대방을 편안하게 해준다. 이렇게 되면 둘의 관계에 변화가 일기 시작한다.

우리는 **감정을 받아들이고 인정하는 말**이 어떤 식인지 익히 알고 있다. 다음의 예는 전형적인 '열린 태도의 말'을 보여준다.

> 나는 정말 그런 사람인 것 같아.
> 내가 그렇다는 걸 부정하지 않고 받아들일 거야!

> 내가 정작 말하려고 한 것은 그게 아니었어. 이제야 그걸 알았어.
> 그렇게 말하면 그녀가 날 좋아할 줄 알았던 거야.

> 이런 상황은 정말 긴장돼. 속이 울렁거려!

이렇게 솔직하게 나를 드러내면 상대방이 다음과 같이 응답해주기도 한다.

> 사실은 말이야… 나도 네 마음과 같아.

상대방이 비협조적으로 나오는 **두 번째 이유**는, 우리가 상대방에게 **있는 그대로의 나를 보여주려는 모험**을 하려 들지 않기 때문이다.

본연의 나를 숨기고 가면으로 위장하면
상대방으로서는
내가 실제로 '어떤 사람'인지
알 도리가 없다.

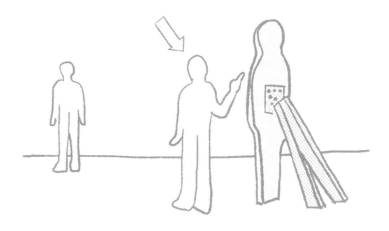

더욱이 속을 알 수 없는 나의 이런 태도가 상대방 입장에서는 다음의 메시지를 암암리에 전달하는 것으로 느껴진다. "당신이 협조적이길 바라지만, 그렇다고 내 모습 그대로를 보여줄 정도로 당신을 신뢰하는 건 아니야." 이런 메시지를 받고 기꺼이 협조할 사람이 몇 명이나 될까.

사람들은 자기 본연의 모습을 숨길 때 흔히 이렇게 말한다.

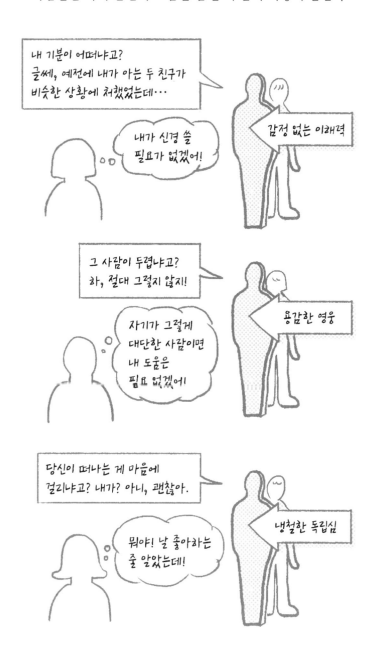

사람 사이 진정한 관계는 본래의 내 감정을 상대방에게 스스럼 없이 드러낼 때 가능하다.

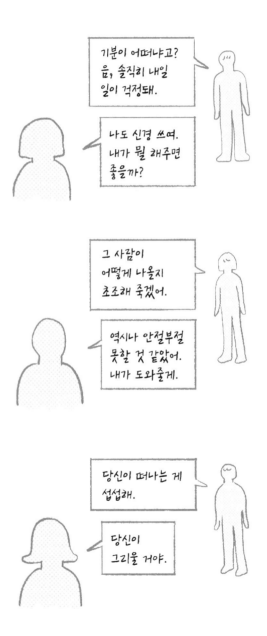

정확히 말하면,
우리는 자기 자신을 있는 그대로 보여주려는
모험을 거부한다기보다는

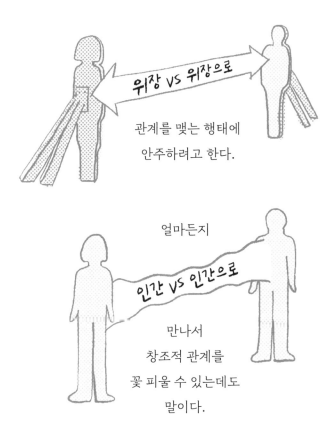

관계를 맺는 행태에
안주하려고 한다.

얼마든지

만나서
창조적 관계를
꽃 피울 수 있는데도
말이다.

'게임에 참여하지 않으면 지는 일은 없다. 하지만 이길 일도
없다'는 말이 있다. 지금처럼 본연의 나를 감춘 채 상대를 대
한다면 관계에 어떤 변화도 없을 것이다. 악화되지 않을지는
몰라도 개선되는 일도 없을 것이다.

상대방이 비협조적일 때 나 자신을 정면으로 응시하고 기꺼이 상대에게 나를 보여주려는 모험과 더불어 **둘의 관계 자체를 바꿔보려는 모험**에 나설 필요가 있다.

시소를 타는 두 사람을 떠올려보면 이 말의 의미를 이해하는 데 도움이 될 것이다.

시소가 어느 한쪽으로 기울어진 모습은 관계의 '균형'이 무너진 상태를 나타낸다. 이때 자기 쪽 시소가 높이 올라간 사람은 맞은편에 있는 상대방을 탓하며 다음과 같이 말하곤 한다.

한마디로, 이 사람은 상대방에게 입장을 바꾸도록 **압박**을 가하고 있는 셈이다. 그러나 이런 식으로는 **상대방을 더욱 멀어지게 만들 뿐**이다. 당사자는 이 사실을 모를 때가 많다.

우리는 '사랑'을 얻고자 강요하듯 '압박의 말'을 건네기도 한다. 권리라도 되는 듯 요구하는 식으로는 관계가 좋아질 수 없다. 다음과 같은 말을 듣고 상대가 과연 흔쾌히 다가올까.

당신은 내가 뭘 하는지 아예 관심이 없잖아!

내가 이렇게 우는데 넌 아무렇지도 않니?

너는 내 인생의 전부야! 네가 없으면 난 아무것도 아니야!

내가 한 일을 좀 인정해주면 안 돼?

당신이 조금만 더 다정해지면 얼마나 좋아!

자기는 나와 전혀 시간을 보내지 않잖아!

그렇다면 무너진 관계의 균형을 어떻게 하면 바로잡을 수 있을까?

나에게 가까이 오도록 상대방을 압박하는 대신
그와 가까워지기를 포기하는 것은 물론이고
심지어 뒤로 물러서는 모험을 감행할 만큼

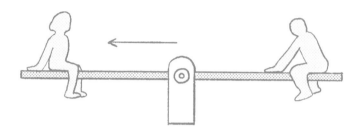

자존감이 높을 때 이런 변화가 가능하다.
관계에서 뒤로 물러서기로 결심했을 때 상대방에게 건네는
'모험의 말'은 다음과 같다.

나 자신도 중요하기 때문에 이런 상황을 더는 못 참겠어.

나 너한테 화가 많이 났어.

당분간 안 보는 게 최선일 것 같아.

당신이 나한테 이래라저래라 하는 데 지쳤어.

이 관계를 지속하는 게 너무 고통스러워.

위의 말은 모두 **자기 존중**을 담고 있다.

이렇게 관계상의 거리를 넓히려는 모험을 시도했을 때 상대방은 어떤 마음이 들까?

일단 그로서는 마음이 편안해지는 것을 느낀다. **'입장을 바꾸라는 압박에 어떻게 대처하지?'**와 같은 고민을 할 필요가 없는데다 다른 관계에서는 힘들었을 질문, 가령 **'우리는 이 관계가 어떻게 되길 바라는 걸까?'**와 같은 당혹스런 질문도 자유롭게 던질 수 있기 때문이다. 이렇게 되면 대개 상대방은 부담감에서 자유로워져 스스로 다시 가까이 다가온다.

관계 자체를 바꾸려는 모험을 감행한다는 말은, 상대방을 내가 원하는 대로 조종하고자 '허풍'을 떨거나 '위협'을 가한다는 의미가 아니다. **실제 위험한 모험**에 나서는 것을 의미한다.

허풍 내지 위협은 도움이 되기는커녕 관계를 망가뜨릴 뿐이다. 다른 사람을 조종하는 행위 자체가 존중과 사랑이 결핍된 데서 비롯되기 때문이다.

허풍을 떨거나 위협을 가해서는 결코 상대방으로 하여금 본인 그대로의 모습으로 존재하도록 하는 상황을 마련할 수 없다. 물론 허풍이나 위협은 '나다워질 용기'와도 아무 관련이 없다.

'모험을 시도'하는 것은 다른 문제만 불러오는 것밖에 안될 수도 있다. 하지만 문제를 창의적으로 해결할 수 있는데도 이 사실을 모른채 꾹 참기만 하면서 고통 속에서 관계를 이어가는 것보다는 낫다. 모험에 나서느냐, 머무는 자리를 지키느냐. 우리는 **선택을 함으로써 배우고 성장**한다.

그러나 어떤 관계는 지속될 시 어느 한쪽이 계속 자아에 상처를 입는 상황에 이를 수도 있다. 이런 성격의 관계에서 모험을 시도한다는 것은 어쩌면 둘의 관계를 끊고 다른 곳(회사 일이나 취미 또는 다른 만남 등)에 신경 쓰는 것을 최선책으로 선택한다는 의미일 수 있다. 그러나 이렇게 관계를 완전히 끊어야 하는 경우는 일부에 불과하다. 많은 경우 '나의 자아를 지킨다'라는 말은 단지 '낡은' 관계를 정리하고 낡은 관계에 있던 그 사람과 '새로운' 성격의 관계를 맺는다(관계 재정립)는 것을 의미할 수도 있다.

물론 우리는 인간관계에서 **'해결되지 않는 문제도 있다'는 분명한 사실** 또한 받아들여야 한다.

그러나 관계가 어떤 조건에 있던지 간에 기꺼이 상대방을 위해, 또 나 자신을 위해 **존재하고자** 애쓴다면 **상황을 개선**할 여지는 늘 있는 법이다.

4부

삶의
현장에서

8장

가정에서
적용하기

지금까지 살펴본 8가지 주요 개념을 예시를 통해 종합적으로 살펴보자. 상대방이 다음과 같이 말했다. 나는 어떻게 응답해야 할까?

> 어휴, 역시 일을 엉망으로 해놨네!

1. **깨닫기**: 감정은 그 어떤 것이든 용납될 수 있다는 사실을 이해한다. 반면 행위는 아니다. 즉 어떤 행위는 용납 불가하다.

> 오늘 이 사람 정말 짜증나게 구네! 계속 지적만 하고 있잖아.
> 이런 점 때문에 그가 싫다니까! 내가 뭘 어쨌기에?…
> 근데, 내가 왜 이렇게까지 화를 내지? 나도 형편없는 사람인가.
> 아니야, 그렇지 않아. 어떤 감정이든 들 수 있지! 다 이유가 있으니까.
> 하지만 감정대로 행동해선 안 돼.

2. **신뢰하기**: 판단을 유보하려고 의식적으로 노력한다. 즉 자신의 생각을 밀어붙이지 않는다.

> 그에게 따질게 아직 남았어! 어떻게 매번 내 탓일 수 있어.
> 그런 태도를 이해할 수가 없어! …
> 뭐, 이 사람 어머니가 자식을 얼마나 자기 마음대로 하려고 했는지
> 생각하면 이해 못할 일도 아니지만… 어찌됐든 여전히 그에게
> 한마디 '쏘아' 붙이고 싶어. 내가 이렇게 한들 우리 둘에게 하등
> 도움될 게 없긴 해. 일단 그의 말을 들어봐야겠어.

당신이 무슨 말을 하는지 모르겠어…

모르겠지! 그렇게 둔해서 무슨 말인들 이해하겠어! 이번 여름 휴가 때 묵을 콘도 숙박비 좀 입금해 달라고 했는데 안 해줬잖아!

3. 경청하기: 상대방의 감정을 들으려고 노력한다.

이 사람이 왜 이러는지 알겠어! 내가 콘도 숙박비를 입금하지 않아서 화가 많이 났구나!

4. 명료화하기: 상대방의 감정을 이해했다는 사실을 확실히 전달함으로써 사실을 따지기에 앞서 들으려는 의지가 있음을 보여준다.

상황을 설명해봤자 지금은 아무 소용이 없겠어! 일단 내가 우리 관계를 신경 쓰고 있고, 그래서 본인의 말에 귀기울이고 있다는 걸 알게 해줘야겠어. 그가 어떤 감정일지 내가 헤아려본 것을 말해줘야지… 그런데 그가 나를 화나게 해서 말을 잘 건넬 수 있으려나… 그래도 해봐야지.

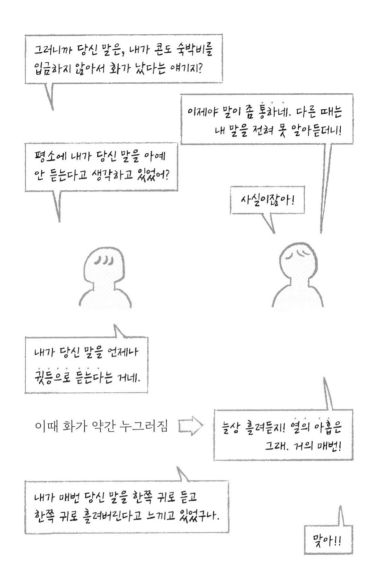

이때, 억눌려 있던 감정은 이전만큼 강하지 않다. 하지만 맹비난을 퍼붓는 상대방이 '내 감정이 전달되고 있다'고 확신할 때까지 다른 한쪽에 있는 사람은 들으려는 노력이 계속되고 있음을 알려줘야 한다.

> 내가 혼자만의 세계에 살면서 당신에게는 아무 관심도 없다고 느끼네!

그에게 동조하는 게 아니다.
단지 그의 감정을 설명하고 있다.

> 그래, 내 마음이 딱 그래!

이상적인 반응!

신뢰, 경청, 명료화의 과정은 억눌린 감정이 해소되어 서로의 감정 영역을 얘기할 수 있을 때까지 계속돼야 한다.

> 당신이 무슨 말을 하고 싶은지 잘 들었어. 이제 내 마음도 얘기하고 싶어.

> 얼른 해봐!

5. **경계 정하기:** 나의 감정을 상대방에게 알림으로써 내 감정 영역을 분명히 한다.

> 그러면⋯ 입금하지 않은 이유는 뭐야?

> 작년에 그 콘도에 머물렀을 때 난 싫었거든. 다시 가고 싶지 않아. 그 콘도에 가는 건 나한테 휴가가 아니야. 집에 있을 때보다 할 일이 더 많으니까!

나의 감정 영역을 분명히 했을 때 때로는 상대로부터 더 심한 공격이 쏟아지기도 한다. 상대의 공격이 너무 격해서 앞의 순서인 경청하기로 돌아가야 할 수도 있다.

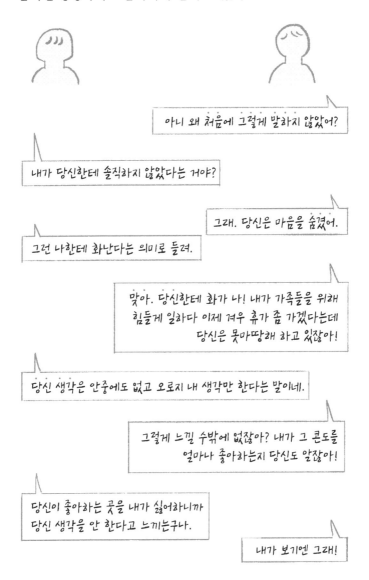

> 당신 열심히 일하는 거 알아. 당신이 휴가를 즐겁게 보냈으면
> 좋겠어. 단지 나는 일하면서 휴가를 보내고 싶지 않을 뿐이야.

다시 한 번 본인의 감정 영역을 분명히 했다. 물론 상대방은
동의하지 않을 수 있다. '관계'를 위해 지금 져주는 태도는 피
상적 해결책일 뿐이다. 누군가 나의 '아야!' 선을 계속 넘어온
다면 나 자신에게는 물론 상대방에게도 원망하는 마음을 품게
될 것이다.

6. **방어하기:** 상대의 응답에 따른 각각의 내 선택안을 조용
   히 얘기해주고 필요한 경우 실제 조치를 취함으로써 내
   감정 영역을 지킨다.

> 꼭 그 콘도로 가야 한다면 요리와 청소는
> 다른 사람이 해야 할 거야.

> 왜 그래야 하는지 모르겠어.
> 평상시 집에서 당신이 하는 일이잖아.

> 나는 회사 일에 집안일까지 하고 있어…
> 나도 당신만큼이나 휴가가 필요해!

> 아… 그래. 그렇겠네.

> 휴가에 콘도까지 가서 요리하고 청소하고 싶지 않은
> 내 마음을 이해해줬으면 좋겠어. 그 콘도를 가지
> 않는다고 하면 기꺼이 다른 콘도를 알아볼게.

그러나 해결책을 찾기도 전에 반대로 상대방이 경청해야 하는 상황이 벌어질 수도 있다. 다시 말해, 말하는 사람과 듣는 사람의 역할이 바뀔 수도 있다. 콘도 예약을 둘러싼 두 사람의 갈등은 잠들기 전 다음과 같이 흘러갈 수도 있다.

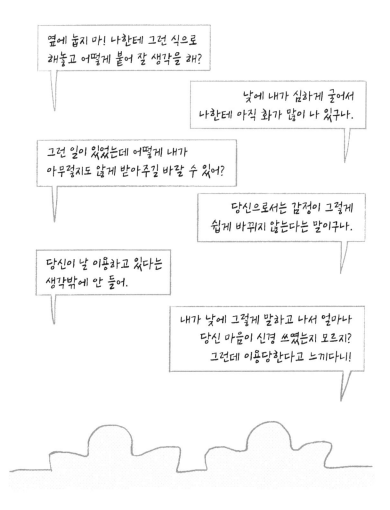

나를 그렇게 바보 취급하는 사람이 나를 소중히 여긴다니 믿을 수 없어!

듣는 쪽은 여기서 변명 내지 설명하고 싶을 것이다. 그러니 말하는 쪽은 들을 준비가 안됐다. 말하는 쪽의 감정을 더 알아줄 필요가 있다.

내 진심이 의심스럽구나.

그렇게 느낄 수밖에 없잖아? 누가 봐도 그렇잖아, 안 그래?

내가 당신을 아예 사랑하지 않는다고 느껴?

뭐, 가끔은 신경 쓴다는 거 알아. 하지만 오늘 일은 나한테 큰 상처였어.

화가 조금 누그러짐

마음 아팠겠네. 그치?

흥.

위의 예처럼 상대의 감정이 지나치게 격할 경우 그만큼 열심히 경청하지 않으면 상황은 좀체 풀리지 않을 것이다. 그러나 상대의 감정을 듣고자 노력한다면 짧게 대화를 나누더라도 변화의 조짐이 일기 시작한다.

7. 대안 찾기: 자아를 존중하면서 선택 가능한 다른 해결책을 모색한다.

다음날 부부의 대화는 이렇게 이어진다.

별반 생각이 바뀌지 않았어. 여전히 그 콘도에서 밥하고 빨래하며 휴가를 보내고 싶지는 않아.

곰곰이 생각해보니 당신이 왜 그렇게 느끼는지 이해가 가더라고. 휴가 가서 밥하고 빨래하는 게 그렇게 괴로운 일인지 내가 무슨 수로 알겠어. 나한테 한 번도 얘기한 적 없잖아.

몇 년 동안 힘들었어. 오래 전이지만 얘기한 적 있을 거야.

 다시 말하지만, '아야!'선의 경계를 제시하는 건 **선 안에 있는 당사자**의 몫이다.

우리 둘 다 만족할 수 있는 길이 있을 거야.

어떤 방법이 있을까?

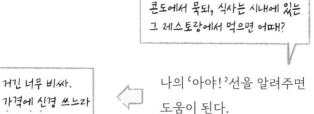

콘도에서 묵되, 식사는 시내에 있는
그 레스토랑에서 먹으면 어때?

거긴 너무 비싸.
가격에 신경 쓰느라
나도 당신도
즐기지 못할 거야

나의 '아야!'선을 알려주면
도움이 된다.
상대방의 '아야!'선까지
정해버리는 우를 범하고 있다.

상대방의 감정 영역까지 내가 정해버린다면 상대방은 이유
도 모른 채 화가 날 것이다. 사실 이런 행동은 "다 너 좋으라고
하는 얘기야"라는 말을 들었던 어린 시절의 나약한 감정을 떠
올리게 한다. "당신도 즐기지 못할 거야"와 같은 식의 말은 정
보라기보다는 은근한 충고다.

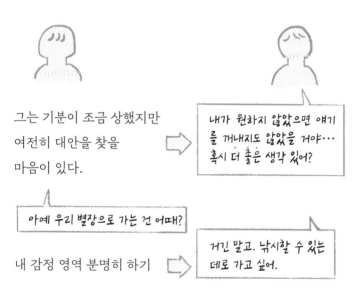

그는 기분이 조금 상했지만
여전히 대안을 찾을
마음이 있다.

내가 원하지 않았으면 얘기
를 꺼내지도 않았을 거야…
혹시 더 좋은 생각 있어?

아예 우리 별장으로 가는 건 어때?

내 감정 영역 분명히 하기

거긴 말고. 낚시할 수 있는
데로 가고 싶어.

이때 '체크 리스트 10'을 사용하면 도움이 된다.

체크 리스트 10

1. 해결해야 할 문제가 정확히 무엇인가?

둘 다 즐겁고 편안하게 휴가를 보내고 싶다.

2. 언제까지 해결해야 하는가?

이 달 안에.

3. 최종 결정을 내리기 전 시간을 좀 더 벌 수 있는가?

시간을 벌 필요는 없다.

4. 해결책을 찾는 데 감당해야 할 제한 조건이 있는가? 이 제한 조건은 바꿀 수 없는 것인가? 비용이 들더라도 제한 조건 중 바꿀 수 있는 것이 있는가?

집안일을 최소화할 것

낚시가 가능할 것

예산은 120만 원 이하일 것

5. 이 문제가 각자에게 어떤 의미가 있는지 서로 명확히 알고 있는가?

그렇다.

6. **특정 해결책**을 고집하는 것이 해야 하는 일보다 더 중요한가?

그렇지 않다.

7. 문제를 해결하는 데 도움이 되는 **자원**이 있는가?

친구들에게 문의

여행사와 상의

8. 지금껏 **시도해보지 않은 새로운 해결 방안**도 받아들일 마음이 있는가?

요리나 빨래를 해야 하거나 낚시를 못하더라도

두 사람 다 만족스러운 휴가라면 수용할 수 있다.

9. **다음 할 일**은 무엇인가?

친구에게 연락해 물어본다.

여행사와 상의한다.

10. 선택한 해결 방안이 감정적으로, 정신적으로 괜찮은지 **나 자신**에게 적용해 확인했는가?

지금까지는 좋다. 나중에 다시 점검할 예정이다.

체크 리스트 10을 확인한 후 대화는 다음과 같이 이어진다.

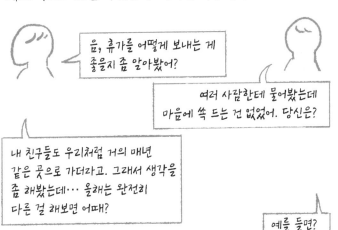

음, 휴가를 어떻게 보내는 게 좋을지 좀 알아봤어?

여러 사람한테 물어봤는데 마음에 쏙 드는 건 없었어. 당신은?

내 친구들도 우리처럼 거의 매년 같은 곳으로 가더라고. 그래서 생각을 좀 해봤는데… 올해는 완전히 다른 걸 해보면 어때?

예를 들면?

8. 모험 감행하기: 기꺼이 변화를 받아들인다.

아, 박 선배 부부 생각하다가 말하는 건데 이들 부부가 우리 별장에 와서 좋아하면서 자기네 이사하면 새 집에 꼭 와달라고 신신당부했잖아.

그랬지.

이 얘기 들으면 어이없거나 짜증날지도 모르는데… 계산해보니까, 박 선배 집까지 가는 데 왕복 40만 원이면 되더라고. 두 분을 못 본지도 꽤 됐고 말이야.

음… 휴가 때 거기까지 가는 건 무리 아닌가… 그래도… 뭐, 가볼만 한 것 같기도 하네…

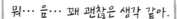

안 그래도 전화해서 가도 괜찮은지 물어봤는데 '온다면야 환영이지' 그러더라고… 우리 둘만의 시간도 보낼 수 있고… 박 선배네 집에 있다가 부엌 딸린 방 하나를 구해서 며칠간 우리끼리 지내도 괜찮을 거야. 비수기 때라 요금 부담이 덜하잖아. 그리고 당신은 싫해 낚시도 할 수 있을 테고.

뭐… 음… 꽤 괜찮은 생각 같아.

　위 사례는 이해를 위해 단순하고 피상적인 전개를 보여주고 있지만 여기에 적용한 8개 개념은 다른 상황에서도 유효하다. 그러나 얼마나 유효한지는 오로지 실제 상황에서 시행착오를 거쳐야 이해될 것이다.

9장

직장에서
적용하기

이번 장에서는 직장에서의 적용 사례를 살펴보자.

> 함께 일하게 돼서 기뻐요. 사람을 뽑을 때 중요한 건 능력이지 성별이나 나이를 따져서는 안 된다고 생각해왔어요. 그건 저한테 전혀 고려 요소가 아닙니다. 전혀! 조금도요!

음, 아!

> 정말 그래요. 함께 일하게되서 기쁩니다. 잘 적응하리라 믿어요!

1. 깨닫기: 어떤 감정이든 용납될 수 있다는 사실을 이해한다.

> 팀장을 만나고 보니 일자리가 생겨서 기쁘다기보다는 화가 나! 여기서 나이, 성별 얘기가 왜 나와? 내 성과 나이가 불편한가? 이렇게 생각하면 안 되겠지… 아냐! 그럴 만해서 그렇게 느끼는 거야. 나로서는 이렇게 화가 나는 게 어쩌면 당연해. 그리고 내가 이런 감정을 갖는 것도 괜찮아!

2. 신뢰하기: 판단을 유보하려고 의식적으로 노력한다.

> 사람도 사람이지만 그 거만한 태도라니! 본인 감정에 솔직해지면 훨씬 쉬워질 텐데! 자신이 편견에 젖어 있다는 사실도 모르는 것 같아!··· 이 사람은 자신이 뭘 하고 있는지 잘 모를 수도 있어··· 어떻게 그럴 수가 있지··· 어쨌거나 좀 기다려봐야겠어!

> 네, 전 정말 당신 같은 입장에 있는 사람을 돕고 싶어요!

3. 경청하기: 상대방의 감정을 들으려고 노력한다.

> 이 사람은 본인이 정말 그렇다고 믿는 것 같네. 자기가 나에게 도움을 주려고 애쓰고 있다고. 눈치가 없긴 하지만 마음은 진심일지도 몰라. 그의 얘기를 잘 들어봐야겠어.

4. 명료화하기: 상대방의 감정을 이해했다는 사실을 확실히 전달함으로써 사실을 따지기에 앞서 들으려는 의지가 있음을 보여준다.

저 같은 사람에게 도움을 주고 싶다고 말씀하셨죠?

제가 그렇게 말했나요?

내가 정말 그에게 '도움을 주고 싶다'고 말했다고?···그랬나 보네. 나를 거만한 사람이라고 생각했겠어. 이렇게 되면 좀 곤란한데··· 오해를 바로 잡고 싶어. 모르긴 몰라도 이 사람 또한 이런 상황이 맘에 걸릴 거야. 그나 나나 이런 식으로 느껴서는 안 되는데··· 가만, 방금 '이런 식으로 느껴서는 안 된다'고 했나? 아냐! 우린 그렇게 느껴도 돼. 적어도 나는 그래도 돼. 그렇게 느끼고 있다는 사실을 받아들여야지.

자신의 감정을 받아들이려고 노력 중이다.

저는 그렇게 들었어요.

아주 거만하게 들렸을 것 같아요. 초면이라 우리 둘 다 굳어 있었나 봐요.

지금 저나 팀장님이나 다 마음이 편하진 않죠.

저 사람은 좀 예민한 것 같아.

양쪽 모두 좋은 관계로 나아가려고 의식적으로 노력하더라도 의견이 갈리는 상황은 어쩔 수 없이 생긴다. 의견이 나뉘면, 어린 시절의 감정과 관계 맺는 습성이 수면 위로 드러나면서 쟁점의 중심이 될 수 있다. 이런 상황에서 표출되는 감정은 실제 문제 수준에 적합한 강도를 넘어 훨씬 더 격렬해질 수 있다.

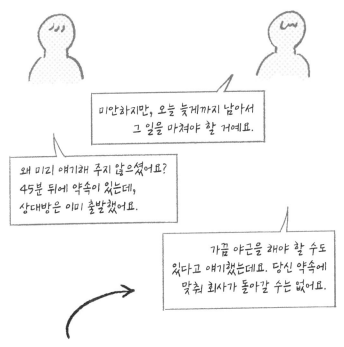

이런 식의 말은 정보처럼 보이지만 사실은 공격이다. 말하는 사람은 상대가 무책임하다고 생각하지만 실제 입밖으로 내비치지는 않고 있다.

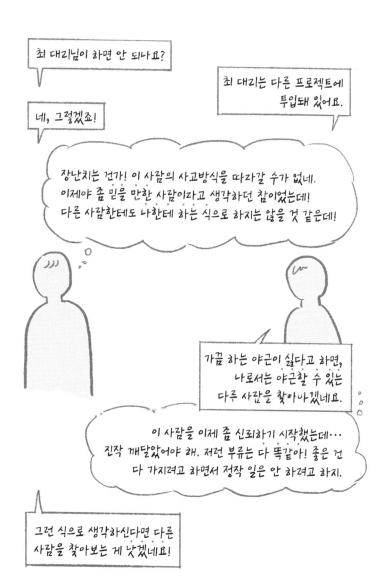

최 대리님이 하면 안 되나요?

네, 그럴겠죠!

최 대리는 다른 프로젝트에 투입돼 있어요.

장난치는 건가! 이 사람의 사고방식을 따라갈 수가 없네. 이제야 좀 믿을 만한 사람이라고 생각하던 참이었는데! 다른 사람한테도 나한테 하는 식으로 하지는 않을 것 같은데!

가끔 하는 야근이 싫다고 하면, 나로서는 야근할 수 있는 다른 사람을 찾아야겠네요.

이 사람을 이제 좀 신뢰하기 시작했는데··· 진작 깨달았어야 해. 저런 부류는 다 똑같아! 좋은 건 다 가지려고 하면서 정작 일은 안 하려고 하지.

그런 식으로 생각하신다면 다른 사람을 찾아보는 게 낫겠네요!

이쯤 되면 몇 달간 쌓은 상호 신뢰는 각 사람에게 내재된 어린 시절의 자동적인 반응이 나타나면서 무너질 수 있다.

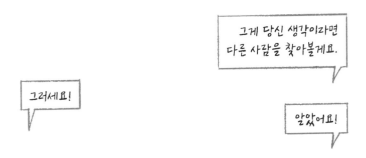

반면, **어느 한쪽**이 이 순간에 함축된 의미를 깨닫고 책임감 있게 행동할 만큼 성숙한 사람이라면 원숙한 인간관계로 나아갈 수 있는 길이 생긴다. 여기서 원숙함이란 '미래 목표를 위해 당장의 욕구를 참을 수 있는 능력'을 말한다.

어느 한쪽이 달아오른 순간에 어린 시절의 자동적 반응을 자제하고 상대방의 말을 들으려고 애쓴다면 대화의 양상이 달라지기 시작한다.

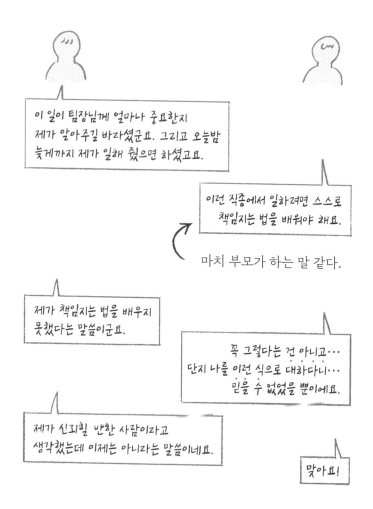

이 일이 팀장님께 얼마나 중요한지 제가 알아주길 바라셨군요. 그리고 오늘밤 늦게까지 제가 일해 줬으면 하셨고요.

이런 직종에서 일하려면 스스로 책임지는 법을 배워야 해요.

마치 부모가 하는 말 같다.

제가 책임지는 법을 배우지 못했다는 말씀이군요.

꼭 그렇다는 건 아니고… 단지 나를 이런 식으로 대하다니… 믿을 수 없었을 뿐이에요.

제가 신뢰할 만한 사람이라고 생각했는데 이제는 아니라는 말씀이네요.

맞아요!

갈등이 해소되기까지 갈 길이 멀지만 둘 사이 분위기는 이미 달라지기 시작했다. 갈등을 풀 수 있는 관계로 들어선 것이다. 그래도 아직까지는 신입사원 쪽(현재 듣는 입장)에서 팀장(현재 말하는 입장)의 말을 더 경청할 필요가 있다. 그러나 말하는 사람이 알아야 할 것은, 듣는 사람 또한 '상대가 내 말을 들어줬으면' 하는 바람을 갖고 있다는 사실이다. 듣는 사람도 '내 감정이 이해받고 있구나'라고 느끼는 상태에서 대화가 이어진다면 더 나은 해결책을 얻을 수 있다.

둘 중 어느 쪽이 먼저 들어야 하는가는 그다지 중요치 않다. 어느 쪽이 먼저 듣든 간에 경청이 상대방도 참여하는 방식으로 이뤄진다면 관계 개선의 양상은 비슷하게 나타난다.

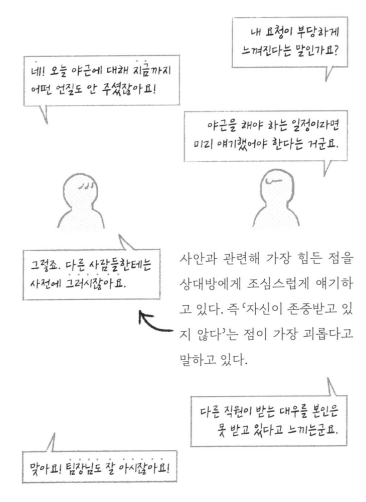

사안과 관련해 가장 힘든 점을 상대방에게 조심스럽게 얘기하고 있다. 즉 '자신이 존중받고 있지 않다'는 점이 가장 괴롭다고 말하고 있다.

이런 상황이 벌어지면 듣는 사람(현재 팀장) 쪽에서 보여주는 가장 흔한 반응은 '설명'이다. 그러나 알다시피, 가장 먼저 보여야 할 반응은 더 많이 경청하는 것이다.

이렇게 느끼고 있었다니 믿을 수가 없어. 내가 얼마나 공정하게 대하려고 했는지 모르고 있어… 그나저나 나한테 화가 많이 났네. 나도 모르게 이 사람을 차별 대우했는지도 모르지. 일단 그의 말을 더 들어봐야겠다.

그러니까 내가 일부러 당신을 괴롭혔다는 말이군요. 심지어 나 스스로 그렇게 한다는 걸 알고 있으면서요, 그렇죠?

팀장님이 공정하게 대하려고 노력하지 않았다는 말이 아니에요. 그런데 최근 들어 제가 팀장님을 잘못 봤을지도 모른다는 생각이 들기 시작했어요.

최근 몇 가지 일 때문에 나를 신뢰해도 될지 의문이 든다는 거네요?

네, 맞아요.

여전히 갈등은 해소되지 않았지만 양쪽 모두 '마음 속 얘기'를 털어놓으면서 갈등을 풀 수 있는 분위기가 만들어졌다.

5. 경계 정하기: 나의 감정을 상대방에게 알림으로써 내 감정 영역을 분명히 한다.

> 제가 야근을 해야 한다면 그 사실을 사전에 공지 받아야 한다고 생각해요. 이 생각은 지금도 변함없고요. 그래야 계획을 짤 수 있죠.

> 뭐, 그 문제를 다시 꺼낼 필요는 없을 것 같네요. 오늘 당신은 야근을 해야 돼요. 그게 전부예요.

상대방을 감정적으로 대하면서 일을 어떻게든 끝낼 생각만 하고 있다. 상대의 말을 듣지도 않을 뿐더러 그의 요구가 타당하다는 사실도 인정하지 않고 있다.

6. 방어하기: 상대의 응답에 따른 각각의 내 선택안을 조용히 얘기해주고 필요한 경우 실제 조치를 취함으로써 내 감정 영역을 지킨다.

> 이 프로젝트가 팀장님께 얼마나 중요한지 잘 아니까 저도 거들고 싶어요. 하지만 아주 중요한 약속이 있습니다. 만약 다른 방법이 있고 제가 할 수 있는 역할이 있다면 할게요. 그런데도 오늘 야근을 해야 한다고 강요하신다면 저로서는 다른 직장을 찾아보는 수밖에 없어요.

이렇게 상대방에게 나의 행동 계획을 알려주는 것은 자칫 관계에 또 다른 위험을 불러오는 것일 수 있다.

우리 둘 다 이 문제로 대단히 감정이 상한 것 같네요. 당신이 일을 그만두기를 바라는 게 아니에요. 단지 오늘 야근으로 당신이 이 프로젝트를 돕지 않으면 내 입장이 아주 곤란해진다는 얘기를 하는 거예요.

난처하실 거라는 것도 잘 알고 저 또한 도움이 되고 싶어요. 하지만 오늘밤 약속은 저한테는 정말 중요해요. 그래도 어떡하든 도울 수 있었으면 합니다.

야근을 둘러싼 문제는 전혀 해결되지 않았다. 그러나 상대방의 말을 들으려는 두 사람의 태도가 실질적인 해결책을 고민할 수 있는 단계로 이끌고 있다.

7. 대안 찾기: 자아를 존중하면서 선택 가능한 다른 해결책을 모색한다.

이 문제를 해결할 다른 방법이 있을 거예요.

좋은 아이디어라도 있으세요?

지금은 딱히 없어요. 문제를 다시 찬찬히 살피다 보면 도움되는 뭐라도 찾지 않을까요.

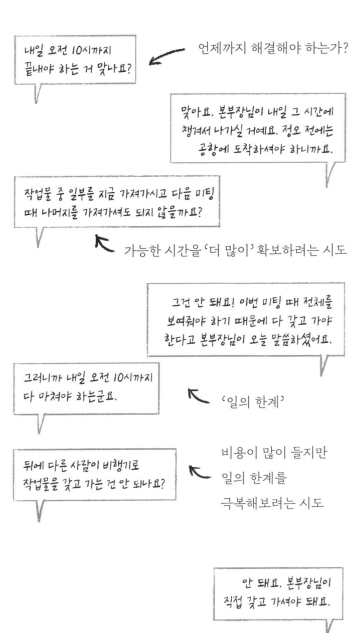

내일 오전 10시까지 끝내야 하는 거 맞나요?

언제까지 해결해야 하는가?

맞아요. 본부장님이 내일 그 시간에 챙겨서 나가실 거예요. 정오 전에는 공항에 도착하셔야 하니까요.

작업물 중 일부를 지금 가져가시고 다음 미팅 때 나머지를 가져가셔도 되지 않을까요?

가능한 시간을 '더 많이' 확보하려는 시도

그건 안 돼요! 이번 미팅 때 전체를 보여줘야 하기 때문에 다 갖고 가야 한다고 본부장님이 오늘 말씀하셨어요.

그러니까 내일 오전 10시까지 다 마쳐야 하는군요.

'일의 한계'

뒤에 다른 사람이 비행기로 작업물을 갖고 가는 건 안 되나요?

비용이 많이 들지만 일의 한계를 극복해보려는 시도

안 돼요. 본부장님이 직접 갖고 가셔야 돼요.

저도 뭔가 도움이 되고 싶은데…

좀 더 고민해봅시다. 어디 보자…
우리가 해결해야 하는 문제가 뭐죠?…
작업물은 내일 오전 10시까지 끝내야 하고,
당신은 오늘 야근을 못하고…

생각해보니, 우리가 완수해야 하는
일보다는 한 가지 특정한 해결책을 찾는
데만 집중하는 건 아닌가 싶네요.

무슨 말이죠?

음, '해결해야 하는 문제가 뭐냐'는 질문을 듣고
이런 생각이 들었어요. 진짜 문제는, 제가 야근을
할지 말지가 아니라 내일 오전 10시까지 작업물을
마쳐야 한다는 것, 바로 이것이 우리의 문제라는
걸 깨달았어요.

그래서요…?

진짜 문제가 내일 오전 10시까지 작업물을
완성하는 거라면, 제가 내일 일찍 출근해서
10시까지 끝내 놓을게요.

그래줄 수 있어요? 좋은 생각이네요!
그렇게 해준다면 나야 정말 고맙죠!

어찌됐든 야근에 대한 제 생각은 변함없습니다.
야근을 해야 한다면 사전에 공지 받을 권리가 있고,
그래야 당사자도 일정을 조정할 수 있다는 말씀은
이미 드렸지요.

이런 분위기에서
다시 자기 영역을
분명히 하는 것은
일말의 위험 요소일
수 있다.

정당한 요구입니다… 하지만 매번
야근 일정을 미리 계획할 수는 없어요.
저도 때때로 예상치 못한 야근을
해야 할 때 부담을 느끼죠. 그리고
누구의 잘못도 아닌 비상 상황이란
것도 있고요. 예고 없이 일어나죠.

비상 상황이라면 저도 기꺼이 일할게요…
제가 어떤 마음인지 아시죠?

급할 땐 기꺼이 일할 테니 상황과
일정 등을 미리 알려달라는 말이죠

맞아요.

좋아요.

야근을 둘러싼 마찰 이후에도 다른 사안으로 또 의견 대립이 있을 것이다. 하지만 둘 사이 창조적인 관계가 형성된 만큼 좀 더 쉽게 해결책을 찾을 수 있을 것이다.

10장

실제 문제에
더 잘
적용하려면

이번 장에서는 인간관계 문제를 풀어갈 때 확인해야 할 '체크 리스트 10'의 각 질문을 자세히 살펴본다. 또 필자가 가장 많이 받은 질문 7개에 대한 답도 함께 고민해본다. 쓸데없는 감정 소모전을 피하고 양쪽 모두 만족하는 해결책을 찾는 데 도움이 될 것이다. 먼저 체크 리스트 10의 질문을 다시 떠올려보자.

체크 리스트 10

---

1. 해결해야 할 문제가 정확히 무엇인가?
2. 언제까지 해결해야 하는가?
3. 최종 결정을 내리기 전 시간을 좀 더 벌 수 있는가?
4. 해결책을 찾는 데 감당해야 할 제한 조건이 있는가? 이 제한 조건은 바꿀 수 없는 것인가? 비용이 들더라도 제한 조건 중 바꿀 수 있는 것이 있는가?
5. 이 문제가 각자에게 어떤 의미가 있는지 서로 명확히 알고 있는가?
6. 특정 해결책을 고집하는 것이 해야 하는 일보다 더 중요한가?
7. 문제를 해결하는 데 도움이 되는 자원이 있는가?
8. 지금껏 시도해보지 않은 새로운 해결 방안도 받아들일 마음이 있는가?
9. 다음 할 일은 무엇인가?
10. 선택한 해결 방안이 감정적으로, 정신적으로 괜찮은지 나 자신에게 적용해 확인해봤는가?

---

1. 해결해야 할 문제가 정확히 **무엇**인가?

　문제가 정확히 무엇인지 정의하지 않으면 해결책을 찾는 과정에서 걸림돌이 되는 경우가 많다. 문제가 구체적이면 구체적일수록 답에 이르는 길이 수월해진다. 자동차 시동이 꺼졌을 때 해결해야 할 문제가 연료 부족인지, 배터리 방전인지, 카뷰레터 막힘인지 알면 해결책을 찾는 일도 그만큼 빨라질 것이다.

　무엇이 문제인지 한두 문장으로 말해보자. 때때로 해결책의 열쇠는 문제 정의에 달려 있다.

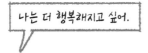

나는 더 행복해지고 싶어.

　애매한 표현이란 바로 이런 문장을 말한다. 관계 개선에 별 도움이 안된다.

난 회사에서는 행복하지 않아. 사람을 만날 일이 거의 없거든.

　이렇게 구체적으로 표현할수록 해결 방향도 명확해진다.

언제 최종 결정을 내려야 하는지 아는 것은 문제 해결 방법에 큰 영향을 미친다.

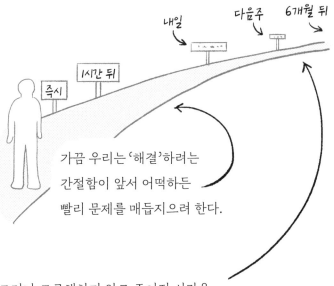

가끔 우리는 '해결'하려는
간절함이 앞서 어떡하든
빨리 문제를 매듭지으려 한다.

그러나 조급해하지 않고 주어진 시간을
최대한 잘 사용하는 것이 더 나은 해결책으로 가는 길일 수 있다. 어쩌면 더 많은 정보를 얻게 될 수도 있고 새로운 사람이 갈등 상황에 등장하거나 문제 자체가 바뀔 수도 있다. 언제까지 문제를 해결해야 하는지를 결정하면 불안감이 줄고 그에 따라 더 나은 해결책을 찾을 수 있다.

3. 최종 결정을 내리기 전 **시간**을 좀 더 벌 수 있는가?

최종 해결책 선택을 늦추는 일은 단순히 책임 회피일 뿐일 때도 있지만 경우에 따라서는 더 나은 결정을 위한 유용한 수단이 되기도 한다. '급선무'라는 생각에 쫓겨 서둘러 결정을 내리면 나중에 후회할 수도 있다.

시간을 벌려면 어떻게 해야 할까? 때로는 급선무를 해결할 요량으로 임시 방안을 강구하는 것도 한 방법이다.

예를 들어보자.

이동수단이 필요할 때 급하게 자동차를 구매하기보다는 며칠간 리스를 하는 쪽이 비용 면에서 유리할 수 있다.

'아이의 개학이 다음 주니까' 얼른 집을 마련해야지 하는 생각에 낯선 동네에 있는 어떤 집을 덜컥 산다면, 결과적으로 숙박 시설을 잠시 이용하는 것보다 더 많은 돈을 지출해야 할지도 모른다.

이렇게 문제를 일시적으로 봉합한 다음 고민할 수 있는 시간을 버는 것은 가능하다. 최종 의사결정 기한을 정하는 이유 중 하나이기도 하다.

4. 해결책을 찾는 데 감당해야 할 **제한 조건**이 있는가? 이 제한 조건은 바꿀 수 없는 것인가?

___

안 될 거야 라고 지레 결정하고서 건설적인 발상을 기대할 수는 없다. 그렇다고 '하면 된다'가 만능 해법은 아니다. 본질적으로 우리의 활동에는 한계가 있기 마련이며 우리는 이 사실을 직시해야 한다.

문제가 해결되지 않는 이유 중 하나는 **바꿀 수 없는 한계를 직면**하는 대신 상황이 달랐으면 어땠을까 하고 헛꿈을 꾸느라 시간을 낭비하기 때문이다. 건축가가 건물을 설계할 때 주어진 한계 내에서 일하는 것처럼 우리도 그래야 한다.

1. 대지 면적

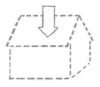
2. 건축물 용도

3. 가용 예산

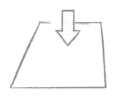

건축가는
대지가 더 넓기를
바랐을지도
모른다.

다른 목적의
건물을 짓고
싶었을지도
모른다.

예산도 이보다
넉넉하길
바랐을 것이다.

개인적 바람이야 어쨌든 사실상 건축가가 할 일은 **주어진 한계 내에서 최대한 창조성을 발휘하는 것**이다.

우리가 마주하는 모든 상황에는 (가까운 미래에까지 작용할) 어떤 제한 조건이 지워지기 마련이다. 사실 우리의 일상이 다 이렇게 흘러간다. 예를 들면 이렇다.

우리는 매일 어떤 특정 인물을 상대한다.
우리는 정해진 수입 내에서 생활한다.
우리는 특정 공동체 안에서 살아간다.
우리는 특정 직업군에서 경험을 쌓는다.
우리는 신체적 제약을 받는다.
우리는 어떤 운영 정책에 맞게 생활한다.

물론 각고의 노력과 놀라운 발상을 통해 이러한 한계를 궁극적으로 바꿀 수 있을 것이다. 그렇더라도 **우리가 할 일은 눈앞에 주어진 한계 내에서 최대한 창조적인 삶을 사는 것**이다.

한계를 명확히 인식하려면, **변하지 않는 요소는 무엇이고 어떤 조건에서 문제를 해결해야 하는지 알 필요가 있다.**

다음과 같은 질문이 답을 찾는 데 도움을 줄 것이다.

우리가 이 일에 쓸 수 있는 최대 예산은 얼마인가?

우리의 활동을 제약하는 운영 정책이 있는가? 있다면 무엇인가?

장소의 제약이 있는가? 있다면 어떤 식으로 제약하는가?

건강 여부도 변수 중 하나인가? 변수라면 어떤 식으로 제약하는가?

인적 자원이 제약 요인으로 작용하는가? 그렇다면 어떤 식으로 제약하는가?

언제까지 이 일을 끝내야 하는가?

그리고 대단히 중요한 질문이 하나 있다.

비용이 들더라도 이러한 제한 조건 중 바꿀 수 있는 것이 있는가?
또 그런 비용을 들일 만한 가치가 있는가?

5. 이 문제가 **각자**에게 어떤 **의미**가 있는지 서로 명확히 알고 있는가?

문제에 두 명 이상이 연관되어 있다면 위의 질문은 더더욱 중요하다. 어떤 문제든 많은 의미를 함축하고 있기 때문에 각 사람이 받아들이는 의미 또한 다 다를 수 있다.

가령 집이 정전되는 경우를 생각해보자. 정전이라는 문제가 의미하는 바는 무엇일까?
누군가에게는 갑작스러운 일의 중단을 의미한다.

> 마감이 내일인데 어떡하라고. 아무것도 안 보여서 일을 할 수가 없잖아. 젠장, 손전등도 없어!

누군가에게 추위에의 노출을 의미한다.

> 난방장치가 꺼지면서 추워지는데.

누군가에겐 오락거리를 즐기지 못하는 것일 수도 있다.

> 꼭 챙겨보는 일일연속극인데 놓치게 생겼네!

하나의 문제는 많은 의미를 내포하고 있지만 그중 어떤 의미는 좀 더 관심을 기울일 만한 것이다. 따라서 문제에 내포된 핵심 의미를 발견하는 것이 중요하다. 결국 '특정 상황에 어떤 핵심 의미를 부여하는가'에 따라 우리의 행동이 결정된다.

만약 집이 정전된 상황에 담긴 핵심 의미를 **일의 중단**이라고 판단한다면 우리는 **임시로 쓸 불빛을 찾는 일**에 집중할 것이다. 그러나 **추위에의 노출**을 핵심 의미로 본다면 **몸을 따뜻하게 하는 방법**을 찾을 것이다.

누군가는 핵심 의미를 파악하고 그에 따라 대응하는 일이 너무 빤한 이야기라고 생각할지도 모른다. 그러나 실제 인간관계에서 벌어지는 일은 그렇게 단순하지 않다. 문제의 의미가 무엇인지 상대도 '알고' 있을 거라고 **넘겨짚기 때문에** 인간관계는 자주 곤경에 처한다.

> 거기 가만히 앉아서 뭐하는 거야? 손전등 좀 찾아봐!

또는

> 위층에서 뭐하는 거야? 난 아래층에서 얼어 죽는데 신경도 안 쓰는 거 봐. 춥다는 걸 알면서!

문제가 각 사람에게 어떤 의미인지 서로 이야기하는 것은 대단히 중요하다.

> 내일까지 이 일을 끝낼 수 있을지 걱정이야.
> 일단 손전등을 찾아봐야겠어.

> 여기 정말 추워! 담요 좀 가져와야겠어.

6. **특정 해결책**을 고집하는 것이 해야 하는 일보다 더 중요한가?

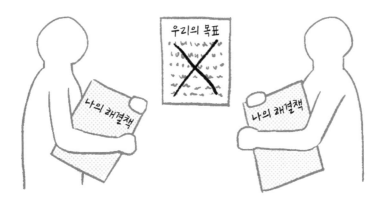

일반적으로 힘겨루기는 **무엇**을 해야 하는가를 두고 벌어지지 않는다. 대개 **누구의 방법**을 채택할 것인가를 두고 벌어진다.

부모는 그릇된 기준만을 세우고사 아이에게 가장 좋은 훈육법을 외면하고 자기 방식을 고집할 수 있다. 사업 파트너는 자기 관점을 밀어붙임으로써 공동 목표를 무너뜨릴 수 있다. 남편과 아내는 '더 나은 관계를 위해' 서로에게 어떤 역할을 고집하면서 두 사람 모두가 원하는 행복을 방해할 수 있다.

만약 방법을 두고 힘겨루기가 벌어지면 각자의 방법은 일단 제쳐 두라. 그런 다음 서로의 감정을 얘기하면서 문제가 정확히 무엇인지 상대에게 묻고 대안을 다시 탐색해나가라. 이것이 최선일 수 있다.

때로 자만심 때문에 이 질문을 건너뛰는데, 그 결과 쉽게 구할 수 있는 정보를 놓쳐 시간을 낭비하고 같은 일을 두 번 하기도 한다.

다음과 같은 질문을 놓쳐서는 안 된다.

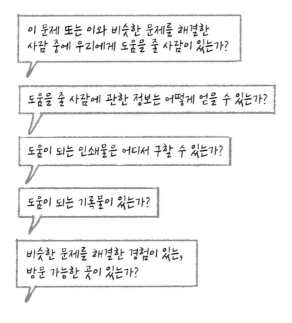

이 문제 또는 이와 비슷한 문제를 해결한 사람 중에 우리에게 도움을 줄 사람이 있는가?

도움을 줄 사람에 관한 정보는 어떻게 얻을 수 있는가?

도움이 되는 인쇄물은 어디서 구할 수 있는가?

도움이 되는 기록물이 있는가?

비슷한 문제를 해결한 경험이 있는, 방문 가능한 곳이 있는가?

'답이 없어' 보이는 문제에 직면할 때 가장 도움이 되는 방법 중 하나는 도움될 만한 사람을 찾아보거나 관련 정보를 모으는 것이다.

8. 지금껏 **시도해보지 않은 새로운 해결 방안**도 받아들일 마음이 있는가?

우리에게는 자신의 사고방식에 부합하는 해결책은 받아들이고 낯선 해결책은 등한시하는 경향이 있다. 과거의 경험에서 비롯된 이런 경향에 휘둘리지 않고 문제에 대한 새롭고 창조적인 답을 찾으려면,

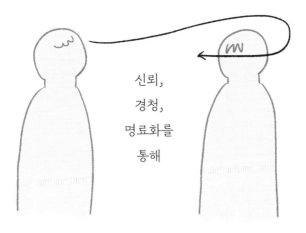

신뢰,
경청,
명료화를
통해

다른 사람의 관점에서 진심으로 무언가를 보고자 노력해야한다.

유감스럽게도 우리는 상대방의 견해가 자신을 바꿔놓지 않을까 혹은 자신이 어린아이처럼 느껴지지 않을까 두려워 상대의 말을 듣지 못하고 있다. 그러나 **다른 사람의 생각을 들으려고 노력하는 것**, 이것이 곧 **창조적인 행동**이다.

익숙한 것을 버려야 창조적이 된다.

다음과 같은 질문은 새로운 발상으로 이끈다.

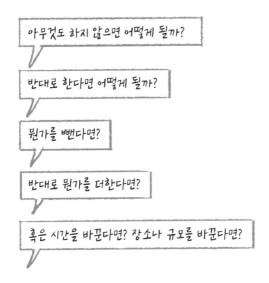

이런 질문을 두고 다른 사람과 함께 고민할 수도 있고 나 혼자 생각해보고 나중에 의견을 나눌 수도 있다. 질문 또한 문제의 성격에 따라 달라질 수 있다. 위의 질문은 예시일 뿐이다.

어떤 질문이든 친숙한 것을 새로운 관점으로 달리 보게 하는 것이라면 문제 해결에 도움이 된다.

최종 해결 방안을 찾기보다는 **어떤 다른 조치를 시도해보는 게 좋겠다는 확신이 든다면** 실제 그렇게 해보는 것이 좋다. 지금의 해결 방안을 꼭 최종적인 것으로 받아들일 필요가 없다.

우리는 골치 아픈 인간관계 문제를 풀면서 해결 과정과 최종 목적지를 환히 밝혀주는 탐조등이 있었으면 한다.

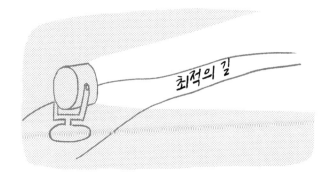

그러나 문제가 버겁게 느껴지는 것은 탐조등이 없어서가 아니라 당장 최종적 답을 얻으려고 하기 때문이다. 우리는 다음과 같은 문제에 즉각적인 해답을 기대한다.

어떤 직업이 나한테 가장 잘 맞을까?
이 사람과 앞으로 어떻게 30년을 같이 살지?
임신이면 어쩌지?
어떻게 하면 술을 끊을 수 있을까?

현실의 삶을 산다는 것은 **한 걸음 앞**만 비추는 손전등을 들고 길을 가는 것과 같다.

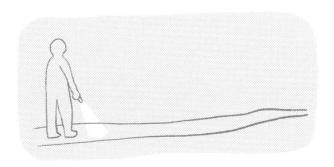

생각해보면, 우리가 결국 봐야 할 것은 **한 걸음 앞이면 족하다.** 손전등에 의지해 한 걸음을 내디뎌야 우리 자신과 함께 손전등 또한 한 걸음 나가게 되고, 내딛어야 할 다음 한 걸음이 눈에 들어온다.

식업을 결정하는 문제를 생각해보자. 한 걸음을 뗀다는 것은 해 볼 여지가 분명한 몇 가지 작은 일에서 시작한다는 의미다. 가령 관심 있는 분야를 찾고 그 분야에 대해 여러 사람과 이야기를 나누어 본다든지 관련 책을 읽어보는 것이다. 또 특정 직업을 선택하기 전 해당 업무 중에서 기술이 필요 없는 자리를 경험해봄으로써 가능 여부를 가늠해보는 것이다. 일단 한 걸음을 내디디면 다음 걸음을 내디딜 수 있는 빛이 또 비춘다.

까다로운 사람과 함께 사는 문제를 고민할 때도 마찬가지다. 신뢰, 경청, 명료화는 물론 좋은 출발점이지만 이외에도 전문가에게 상담을 받아보거나 여러 가능성을 스스로에게 질문하면서(관계가 깨진다면 어떻게 될까, 그럴 경우 각자 어떻게 될까, 이혼외 다른 방법은 뭐가 있을까 등) 해결 방안을 모색해볼 수 있다.

임신 문제로 고민 중이라면 첫걸음은 임신 여부를 확인하는 것이다. 원치 않은 임신일 경우 도움을 줄 기관이 있는지, 있다면 언제 어떻게 도움을 받을 수 있는지 알아봐야 할 것이다. 또 이 문제를 두고 상의할 사람이 있는지, 있다면 언제 만날 수 있는지도 생각해볼 수 있다.

그러니까 핵심은, 문제 해결의 시작은 정보를 얻는 수고 정도는 감수하는 것이다. 그래야 최선책에 도달할 수 있다.

알코올 중독에 대한 쉽고 빠르고 간단한 해결책을 찾기란 기적에 가깝다. 하지만 현실적인 방법을 제시해 줄 수 있는 알코올 중독 경험자를 만나는 것은 가능하다. 음주 문제를 가진 사람과 함께 살아가는 방법을 배우기 위해 '익명의 알코올 중독자AA' 모임이나 '알코올 중독자 구제회Al-Anon' 모임에 참석하는 일에서부터 시작할 수 있다. 이들 기관의 연락처는 인터넷에서 쉽게 찾을 수 있다. 첫 단계는 도움을 줄 수 있는 기관이나 단체에 연락해서 문의하는 것이다.

최종적 해결 방안을 찾기보다는 어떤 조치를 시도해보는 게 좋겠다는 확신이 들면 실행에 옮겨보는 게 좋다.

10. 선택한 해결 방안이 감정적으로, 정신적으로 괜찮은지 **나 자신**에게 적용해 확인해봤는가?

어떤 결정을 내릴 때 다양한 선택지를 이리저리 따져보는 것은 물론 중요하다. 그러나 나 자신의 내면에 주의를 기울임으로써 결정에 또 다른 실마리를 얻을 수 있다. 우리 안에는 논리를 뛰어넘어 더 깊은 수준에서 우리 존재에 다다를 수 있는 인지능력이 있다.

다른 사람의 반응과 더불어 나 자신의 감정적·정신적 반응에 귀를 기울이는 것은 어떤 결정을 내리는 데 때로는 핵심 요인이 될 수 있다.

필자가
가장 많이 받은
질문 7개

1. 창조적인 인간관계를 맺기 위한 6단계를 두 사람 중 한 사람만 알고 있어도 효과를 볼 수 있는가?

예를 들어, 어느 쪽에서든 먼저 경청을 실천한다면 관계는 달라질 수 있다. 경청하기 시작하면 상대의 태도도 달라지기 시작한다. 변화를 보이는 상대방에게 경청하던 사람 역시 다음과 같이 요청할 수 있다. "얼마간 당신 얘기를 들었는데 말이야, 이번에는 당신이 내 얘기를 들어줄래? 그 다음엔 내가 당신 얘기를 들어줄게." 얘기 중에 상대방이 끼어들어도(그럴 것이다!) 다시 그의 말을 경청한 후에 위와 같이 요청하면 된다.

2. 서로 상대방의 얘기를 충분히 들은 뒤에도 여전히 의견이
확연히 갈린다면?

이때는 고통이 덜한 사람이 상대방의 의견을 따르도록 한다.
이것은 입다물고 져주는 것과는 다르다. 실제 상황을 인식한
데서 비롯된 관대한 태도이며 자신은 물론 상대방을 배려하는
행동이다. 그렇다면 누가 어느 정도의 고통을 느끼는지 어떻
게 알 수 있을까? 그럴 때는 다음과 같이 서로 물어보면 된다.
"이 상황에서 네가 느끼는 고통이 어느 정도인지 1에서 10점
중에서 말해줄래?" 하지만 한쪽이 계속해서 더 큰 고통을 느
낀다면 해당 상황과 관계 자체를 돌아볼 필요가 있다.

3. 내 영역을 분명히 알려주고 지키는 과정에서 관계상 문제가
생기지 않을까?

생긴다. 다른 사람에게 속마음을 얘기하지 않으려는 이유도
이 때문이다. 하지만 계속 입을 다물고 있으면 원망이 쌓여 결
국 관계의 토대가 흔들린다. (원망의 정도는 내가 다른 사람으로 하
여금 잠자코 나의 '아야!' 선을 밟게 내버려둔 시간과 비례한다.) 나 자
신을 드러냄으로써 문제가 생길 수 있지만 이는 일시적이며
삶을 이루는 일부분일 뿐이다. 또 이 문제는 나 자신의 가치에
기반하기 때문에 마냥 묵살될 수도 없다. 마음을 털어놓아서
생긴 문제는 서로 얘기를 들어주고 5분 가량 각자 상대방의 말

을 명료화하면 보통 해결될 수 있다.

우리는 사소한 '아야!'를 표현하기를 망설이면서 구차한 일, 별일 아닌 일로 치부하곤 한다. 그러나 작은 '아야!'를 상대에게 솔직하게 표현한다고 큰일이 생기지는 않는다. "난 …가 좀 싫긴 한데"라는 말에 상대가 펄쩍 뛰지는 않는다. 사소한 '아야!'를 계속 억누를 경우 점차 쌓여서 나중에 갑작스럽게 폭발할 수도 있다.

인간관계 문제는 양쪽이 다음의 기본 규칙에만 동의하면 대부분 피해나갈 수 있다. "내 '아야!'선은 내 책임하에 있어. 만약 내가 아무 말도 하지 않으면 우리 사이에 별 문제가 없다는 뜻으로 받아들여도 좋아."

4. 상대방이 본인에 대해서 말하지 않거나 자기 감정을 자각하지 못하는 경우 어떻게 그의 감정을 빈세틸 수 있는가?

일반적으로 의견 다툼 중인 당사자는 자기가 원하는 것을 얻지 못할 거라고 느낀다. 이런 마음을 이해한다면 "답답하고 짜증 나 보여요"와 같은 말은 갈등 관계에 있는 사람을 상대로 대화를 시작하기에 좋은 출발점이다. 이렇게 말을 건네면 대개 감정 섞인 반응이 따라온다. 이 반응을 묵묵히 받아내면(힘든 일이지만!), 상대방은 우리가 관심을 기울이고 있다는 사실을 깨닫고는 편하게 말을 꺼내기 시작한다. 그때부터 상대가 하는 말을 계속 확인해주면 된다.

5. 공동의 문제를 해결하려고 애쓰는 과정에서 가장 많이 빚어지는 실수는 무엇인가?

흔히 우리는 의견이 충돌하는 상황을 타개하고 싶은 마음에 두 개 선택지 중 하나를 고른다. 일견 유용해 보이는 이들 두 선택지 중 하나는 '깔아뭉개기'고, 다른 하나는 '포기하기'다. 깔아뭉개기가 가진 파괴성은 제삼자 입장에서 더 선명하게 보인다. 다툼의 한가운데 있는 당사자는 상대의 자존심을 깔아뭉개는 행위가 파괴적인 결과를 가져오리라고는 예상 못할 수 있다. 깔아뭉개는 쪽에서는 일단 자신이 옳다고 밝혀지면 다툼이 즉각 중단되고 승자에게 존중과 감탄이 쏟아지리라 착각한다. 그러나 깔아뭉개는 행위에 따르는 결과는 분노와 원망이다.

포기하기 선택지 또한 고를 당시에는 어떤 문제를 불러올지 명확하지 않을 수 있다. 관계를 지키기 위해 나 자신을 포기하는 행위는 얼핏 유용한 것처럼 보이지만, 지속적으로 나를 포기하는 행위는 분노의 화기만 높일 수 있다. 포기하기와 베풀기는 다른 행위이며, 베풀기는 두 사람의 자아를 모두 존중하는 데서 발현된다.

6. 인간의 깊은 내면에 선하고 옳다고 여겨지는 일을 향한 건강한 기본 욕구가 있다면 어째서 사람들 사이에 그토록 많은 문제가 생기는가?

이 의문을 풀기 위해서는 '건강한 기본 욕구'(양심)와 '선하고 옳다고 여겨지는 것'(개인적 정보) 사이의 차이를 알 필요가 있다.

양심은 각자가 자신의 신념 체계를 충실히 따르도록 추동할 뿐 개개인이 품은 신념의 원천은 아니다. 신념 체계는 각자 살면서 축적한 경험에서 만들어진다. 신념은 그러한 경험에 부여한 의미와 무엇이 옳은지와 관련해 도달한 결론에서 비롯된다.

필자가 보기에, 다툼은 스스로를 '평범'하고 '잘못이 있다'고 생각하는 사람 사이에서는 일어나지 않는다. 어떤 상황에서 자신이 '옳다'고 믿는 사람 사이에서 일어난다.

종종 다툼은 나의 양심이 가리키는 바와 상대방의 양심이 가리키는 바가 일치하지 않아 양쪽 모두 화가 난 결과로 나타난 것일 수 있다. 만약 우리가 양심은 그 사람의 과거와 그 과거에 부여한 의미에 호응한다는 사실을 안다면 상대를 이해하는 폭이 넓어질 것이다. 그렇다고 양심의 역할을 평가절하 해서는 안 된다. 각자의 신념 체계 내 위치한 가장 높은 가치를 추구하게 하고 최선의 것으로 보이는 것을 지향하도록 우리를 몰아가는 것이 바로 양심이다. (그렇더라도 과거에 우리를 엄하게 비판하던 목소리에 대한 기억과 우리를 감정적으로 성숙한 존재로 이끄는 내면의 '작고 고요한 목소리'를 구분해야 한다.) 예외적인 경우가 없지는 않겠지만 인간관계에서 '선하고 옳다고 여겨지는 것을 향한 건전하면서도 기본적인 욕구를 신뢰하는 것'은 긍정적인 계기로 작용한다. 그러나 그 과정에서 다른 사람의 양심과 본인의 양심을 비교하면서 타인의 인격에 대해 부정적인 결론을 내리지 않도록 조심해야 한다.

다른 사람의 양심을 바꾸려고 입씨름해 봤자 아무 소용이 없다. '너의 양심에 문제가 있다'는 지적은 상대방에게 적대감만 심어줄 뿐 관계에는 무익하다. 하지만 상대가 어떻게 느끼는지 이해하고 감정을 나누면서 정보를 공유한다면 변화, 통찰, 창조적 관계라는 결실을 맺을 수 있다.

7. 반사하기와 보호하기를 능숙하게 구사하기까지 시간이 오래 걸릴까?

다행히 익혀서 유용하게 쓰기까지 오래 걸리지 않는다. 반사하기를 구사해야 할 상황은 꽤 자주 생기며, 대화를 시작한지 수 분내 요구되는 경우가 많다. 보호하기가 필요한 상황은 반사하기에 비해 빈도수는 낮지만 태도의 변화를 요구하므로 익히는 데 더 오래 걸릴 수 있다.

감사의 글

먼저, 나의 가족에게 고미움을 전한다. 용기와 도움을 준 가족이 있었기에 이 책을 출간할 수 있었다. 아내 루이즈 파슨스 피치Louise Parsons Pietsch와 아들 짐 피치Jim Pietsch, 딸 패티 피치 Patti Pietsch에게 특별히 감사의 마음을 표하고 싶다.

원고에 대한 날카롭고도 애정 어린 의견과 조언, 실질적인 지원을 해준 이들도 빼놓을 수 없다. 패티 브라이트만Patti Breitman, 폴 러브레이스Pual Lovelace, 수전 페이지Susan Page, 조지 프린스George Prince, 앨버트 시나지Albert Schinazi, 로버트 셀버스톤Robert Selverstone, 페기 본Peggy Vaughan과 제임스 본James Vaughan, 마크 와이즈Mark Wise에게 마음을 담아 감사의 인사를 전한다.

새롭게 출간된 이번 판과 관련해 지면으로나마 각별히 감사의 말을 전할 두 사람이 있다. 한 사람은 이 책의 디자인 디렉팅과 표지 디자인을 맡아 준 '폴 러브레이스'다. 폴의 신중하면서 세심한 감각 덕에 책의 완성도를 높일 수 있었다. 또 한 사람은 나의 아들 '짐'이다. 짐은 책이 나오기까지 나에게 사려 깊은 충고와 실질적인 도움을 아끼지 않았다.

광고 카피라이터로 일하던 시절, 여러 회사에서 많은 부류의 상사를 만났다. 그중 유독 나를 힘들게 하고 결국은 회사를 뛰쳐나가게 만들었던 상사가 둘 있었다. 두 사람의 공통점은 옆으로 지나만 가도 사람을 얼어붙게 할 정도로 고압적이었다는 점이다. 한 사람은 토요일에 나와 일하고 있던 나를 사장실로 불러 책상 위에 발을 올린 채 자장면 심부름을 시켰고, 다른 한 사람은 사무실 한가운데 투명한 유리로 된 사무실을 두고 직원을 불러들여 고함을 치고 때로는 물건을 집어던지며 화를 냈다. 유리 사무실을 등지고 앉아 있던 나는 고성을 들으며 괜히 내가 혼나는 마냥 겁에 질려 있었다. 두 회사를 그만두면서 무례하고 몰상식한 사람들이라서 내가 그만두는 거라고만 생각했다.

《소중한 사람을 소중하게 대하는 법》을 읽고 번역하면서 두 상사 밑에서 내 직장 생활이 유독 힘들었던 이유를 알게 됐다. 나는 두 사람에게서 어릴 때 내가 무서워했던 아빠의 모습을 본 것이다. 지금 나는 그때 두려워했던 아빠의 나이보다 더 들어 아빠와 친구처럼 지내고 있지만, 아빠를 무서워하던 어린 나는 사라지지 않고 나를 억누르려 하는 두 어른 남자에게서 아빠의 모습을 발견하고는 그들에게 어릴 때 내 감정을 '전이' 한 것이다. 나는 삐딱하게 굴거나 회피하는 방법으로 그들에게서 도망치고자 했다. 그때 이 책을 읽고 내 두려움의 원인을 알았더라면 좀 다르게 대처할 수 있었을까 궁금하면서도, 번역가라서 이제라도 이 책의 첫 독자가 되는 특권을 누릴 수 있어 참 다행이라는 생각도 든다.

한편 두렵기도 하지 않은가? 무심코 한 어린아이를 대하던 태도가 훗날 이 아이가 성인이 됐을 때 그의 인간관계와 사회생활을 힘들게 할 수 있다니 말이다. 우리는 대부분 밖에서 유능하고, 말이 잘 통하고, 신뢰할 수 있는 사람이 되고자 애쓴다. 그렇다면 집안에서, 또는 가까운 사람들에게도 똑같이 그런 존재가 되려고 애쓰고 있는가? 어쩌면 집 밖에서 나를 유능하고 사회적이고 믿음직한 사람이 되게 해주는 건 나와 가장 가까이에 있는 사람들인데도 말이다. 그 사람들과 대화가 어긋나고 갈등이 생기기 시작하면 대화는 매번 싸움이 되고, 결국 거듭된 대립을 피하려고 대화를 아예 차단하는 지경에 이르기도 한다. 관계는 제자리걸음하거나 악화된다.

이 책은 놀랍게도 1974년에 처음 나온 책이다. 출간된 지 무려 50년 가까이 됐지만 저자 윌리엄 피치가 책에서 설명하는 관계의 문제와 예시로 제시한 대화는 지금 우리가 겪는 관계의 문제와 전혀 다르지 않다. 저자는 우리가 쓸데없는 힘겨루기를 하는 관계에서 벗어나 보다 창조적인 관계로 나아가는 6단계를 제시한다. 이 단계들은 막연해 보이기도 하고 생각보다 쉬워 보이기도 한다. 쉽게 읽히는 이유는 약 50년 전 윌리엄 피치가 일러스트와 예시 대화를 통해 누구나 쉽게 읽을 수 있도록 친절하게 책을 구성한 덕분이다. 어려워 보이는 이유는 관계의 문제는 평생 풀어야 하는 숙제이기 때문일 것이다. 확실한 사실은 지금까지와는 다른 방법으로 대화를 시도하고 관계를 맺어야 한다는 점이다. 아마존닷컴의 한 독자는 이 책의 후기를 이렇게 남겼다. "읽는 건 몇 분이면 되지만, 실행하는 건 평생이 걸릴 것이다." 이 6단계 중 첫 번째 단계인 신뢰하기부터 시작해보자. 상대방도 나도 '선하고 옳다고 여겨지는 일을 하고 건강한 관계를 맺고 싶은 본성을 가진 존재라는 사실'을 믿는 것이 바로 신뢰하기다. 오늘부터 당장 책이 제안하는 단계를 따라 새롭게 대화를 시도해보자. 소용없을 것 같은가? 일단 시도해보자. 생각대로 잘 되지 않았다면 다시 시도하자. 그 사람은 나에게 소중한 사람이니까.

나를 사랑하고 내 옆의 사람을 사랑할 수 있는 관계 수업

소중한 사람을 소중하게 대하는 법

지은이 윌리엄 V. 피치
옮긴이 김경영

1판 1쇄 인쇄 2022년 4월 14일
1판 1쇄 발행 2022년 5월 4일

펴낸곳 ㈜지식노마드
펴낸이 김중현
디자인 및 본문 일러스트 리터치 박재원
등록번호 제313-2007-000148호
등록일자 2007. 7. 10

(04032) 서울특별시 마포구 양화로 133, 1201호(서교동, 서교타워)
전화 02) 323-1410
팩스 02) 6499-1411
홈페이지 knomad.co.kr
이메일 knomad@knomad.co.kr

값 15,000원
ISBN 979-11-92248-02-8 03320